개인사업자를 유지할까
법인사업자로 전환할까

소득세가 많다면 지금 당장
법인으로 전환하라!

신방수 세무사의

개인사업자를 유지할까
법인사업자로 전환할까

복잡하고 어렵게만 느껴지는
개인사업자의 법인전환에 관한 내용을 쉽게 분석했다!

신방수 지음

두드림미디어

머리말

현재 개인사업을 영위하고 있는 사업자 중 많은 이들이 법인사업의 이점을 알고 있다. 하지만 대다수 사업자가 아직도 개인 형태로 머무는 실정이다. 세금을 한 푼이라도 아끼고 싶은 것이 인지상정일 텐데 왜 아직도 개인사업의 틀에서 벗어나지 못할까? 여기에는 몇 가지 이유가 있다.

첫째, 법인의 필요성을 느끼지 못하기 때문이다.
매출액이나 이익 등의 형태로 보아 법인을 해도 실익이 없는 경우가 많을 수 있다. 매출액이 소액이거나 이익이 적어 세 부담이 크지 않는 경우가 대표적이다.

둘째, 필요성은 인정하나 어떻게 진행하는 것이 좋을지 모르기 때문이다.
법인의 필요성을 느끼는 경우는 무엇보다도 소득세 부담이 클 때다. 이러한 상황에서는 법인의 필요성이 크게 주목받는다. 하지만 선뜻 법인으로 들어오기가 힘들 수 있다. 개인사업에 익숙해져 있고 법인으로 전환하는 방법과 절차를 잘 모를 수 있기 때문이다.

셋째, 필요성도 인정하고 진행하는 절차도 아는데 최종 결정을 내리기가 힘들기 때문이다.
비교적 사업 기간이 오래된 경우, 법인의 장단점에 대해 이해하고 어떤 식으로 법인을 운영하는지 정도는 충분히 검토했을 수 있다. 하지만 이 경우, 결단을 내려야 하는데 그게 안 될 때가 많다. 한 번도 가보지 못한 길을 걷는 것이 오히려 손해가 되지 않을까 하는 막연한 불안감 때문이다.

이 책은 이러한 배경 아래 법인을 생각하는 개인사업자들이 큰 불편함 없이 법인으로 전환하는 방법을 다루고 있다. 그렇다면 이 책은 어떤 장점이 있을까?

첫째, 개인사업자의 법인전환에 대한 실무적인 내용을 모두 다루었다.

이 책은 법인전환이 필요한 개인사업자와 실무자의 관점에서 법인전환에 필요한 모든 내용을 다루었다. 1장부터 2장까지는 법인전환의 실익과 그에 따른 기초적인 내용을, 3장부터 9장까지는 법인전환의 내용과 실무적인 절차를 다루고 있다. 부록에서는 업종별 법인전환 방법을 다루고 있다.

· 1장 개인과 법인의 선택
· 2장 법인으로 사업하면 달라지는 것들
· 3장 법인전환의 방법과 절차
· 4장 개인사업 결산이 법인전환의 핵심인 이유
· 5장 영업권 세무처리법
· 6장 사업양수도계약서와 세무상 쟁점
· 7장 법인전환을 위한 법인설립 시 주의할 점
· 8장 양도세 이월과세와 취득세 감면신청
· 9장 개인사업자의 부가세와 소득세, 전환법인의 법인세 신고법
· 부록 업종별 법인전환 방법

둘째, 실전에 필요한 다양한 사례를 들어 문제 해결을 쉽게 하도록 했다.

모름지기 책은 정보를 단순하게 나열하는 것보다는 입체적으로 전달하는 것이 훨씬 값어치가 있을 것이다. 이러한 관점에 따라 이 책은 기본적인 내용은 물론이고, 실전에 필요한 사례를 최대한 발굴해 이해의 깊이를 더했다. 저자가 현장에서 문제를 어떻게 해결하는지를 지켜보는 것만으로도 이와 유사한 문제를 손쉽게 해결할 수 있을 것으로 기대한다. 이외에 실무적으로 더 알아두면 유용할 정보들은 Tip이나 절세 탐구를 신설해 정보의 가치를 더했다. 또한, 곳곳에 요약된 핵심 정보를 제공해 실무 적용 시 적응력을 높일 수 있도록 노력했다.

셋째, 스스로 의사결정을 할 수 있도록 최신의 정보를 제공했다.

법인전환은 새로운 개념이 아니라 예전에도 존재했다. 그런데 현장에서는 법인전환을 매우 어렵고 복잡한 개념으로 생각하고 이를 피하는 풍조마저 생겨났다. 하지만 법인전환은 세법에서 우대하는 만큼 조금만 신경쓰면 다양한 효과를 누릴 수 있는 장점이 있다. 이에 저자는 평소 법인전환을 생각하는 개인사업자들이 법인전환의 장점을 극대화하는 한편, 단점을 최소화하는 관점에서 다양한 주제를 분석했다. 예를 들어, 법인전환의 실익, 사업양수도와 현물출자 방식의 비교, 재고자산과 부동산 그리고 영업권에 대한 평가법, 업종별 법인전환 방법 등이 이에 해당한다. 이러한 일련의 흐름 속에 독자들은 본인에게 맞는 법인전환 방법을 선택할 수 있을 것으로 기대한다.

이 책은 법인전환의 세무와 회계 등에 대한 이슈를 최대한 알기 쉽게 정리하고 싶은 개인사업자를 비롯해 세무회계업계 종사자 등이 보면 좋을 것이다. 물론 실력을 키우고 싶은 일반인에게도 도움이 될 것으로 기대한다. 저자는 늘 그렇듯이 독자의 관점에서 내용을 쉽게 쓰고자 최대한 노력했다. 다만, 독자에 따라서는 일부 내용에 대해 이해하기 힘들 수 있는데 이때는 저자가 운영하는 네이버 카페(신방수세무아카데미)를 통해 궁금증을 해소하기를 바란다. 이곳에서는 실시간 세무 상담은 물론이고, 최신 세무 정보, 회사를 운영하는 데 필요한 서식, 그리고 세금 계산기 등도 장착되어 있어 활용도가 높을 것이다.

이 책은 많은 분의 응원과 도움을 받았다. 우선 이 책의 내용에 대한 오류 및 개선 방향 등을 지적해주신 권진수 회계사님과 KDB산업은행 세무전문위원 이영진 파트장님께 감사의 말씀을 드린다. 그리고 항상 저자를 응원해주신 카페 회원들과 가족의 안녕을 위해 늘 기도하는 아내 배순자, 젊은 날에 자기의 삶을 위해 고군분투하고 있는 두 딸 하영이와 주영이에게도 감사의 말을 전한다.

아무쪼록 이 책이 개인사업자의 법인전환에 대한 세무처리에 능통하고 싶은 분들에게 작은 도움이라도 되었으면 한다.

독자들의 건승을 기원한다.

역삼동 사무실에서
세무사 신방수

일러두기

이 책을 읽을 때는 다음 사항에 주의하시기 바랍니다.

1. 개정세법의 확인
이 책은 2024년 12월 중순 적용되고 있는 세법을 기준으로 집필되었습니다. 실무에 적용 시에는 그 당시에 적용되고 있는 세법을 확인하는 것이 좋습니다. 세법 개정이 수시로 일어나기 때문입니다.

2. 용어의 사용
이 책은 다음과 같이 용어를 사용하고 있습니다.
· **소득세법**(시행령) → **소득법**(소득령)
· **법인세법**(시행령) → **법인법**(법인령)
· **부가가치세법**(시행령) → **부가세법**(부가령)
· **조세특례제한법**(시행령) → **조특법**(조특령)
· **지방세특례제한법**(시행령) → **지특법**(지특령)
· **상속세 및 증여세법**(시행령) → **상증법**(상증령)
· **양도소득세** → **양도세** 등

3. 세금 계산기 등 세무정보
· 사업 등에 대한 세금 계산기는 홈택스 홈페이지나 저자의 카페를 활용할 수 있습니다.
· 기타 수시로 발표되는 정부의 세제 정책에 대한 정보 등은 저자의 카페에서 제공하고 있습니다.

4. 책 내용 및 세무 상담 등에 대한 문의
책 표지의 안 날개 하단을 참조하시기 바랍니다. 특히 책에 관한 질문은 저자의 카페에서 자유롭게 할 수 있으니 잘 활용하시기 바랍니다.

제3장
법인전환 방법의 선택과 절차

제4장
개인사업 결산이 법인전환의 핵심인 이유

제8장
양도세 이월과세와 취득세 감면신청

제9장
개인사업자의 부가세와 소득세, 전환법인의 법인세 신고법

[부록]
업종별 법인전환 방법

1장

개인과 법인의 선택

꺼지지 않는 논쟁,
개인이 좋을까 법인이 좋을까?

현재 사업을 하고 있거나 창업을 준비하고 있는 예비사업자들이 가장 궁금해하는 것 중 하나는 '개인사업이 좋을까, 법인사업이 좋을까?'가 아닐까 싶다. 이에 관한 내용을 여기저기서 많이 들어온 탓에 그렇다. 그런데 이와 관련된 질문은 오래전부터 지금까지 이어져오고 있는 것이 현실이다. 왜 이러한 현상이 계속되고 있을까?

첫째, 개인사업에 익숙해져 있기 때문이다.

개인사업은 사업자등록을 낸 상태에서 자유스럽게 영위할 수 있다. 물론 사업에 대한 성과가 좋은 경우, 그에 대한 소득세를 내면 그만이다. 현실에서 보면 개인사업에 익숙해져 있는 사업자 대부분은 현재 부담하는 소득세의 부담이 그리 크지 않는 경우가 많다. 세금이 많으면 대안을 찾기 마련이기 때문이다.

☞ 이러한 유형에 해당하는 개인사업자*는 법인에 대한 관심 자체가 없는 경우가 많다. 따라서 이들은 애써가며 법인을 주제로 공부할 필요는 없다.

* 이 책에서는 개인사업자를 사업자 또는 개인으로, 법인사업자를 법인으로도 부르고 있다.

둘째, 법인사업이 선뜻 내키지 않기 때문이다.

개인사업자가 가장 부담스러운 세금은 다름 아닌 소득세다. 이 세금이 과도한 경우, 당연히 이를 줄이고 싶은 욕구가 발생할 것이다. 이에 대한 해결책으로 법인이 추천된다. 세율이 크게 인하되기 때문이다. 하지만 법인의 경우, 다양한 규제가 작동됨에 따라 법인사업에 대한 막연한 불안감이 있는 것도 현실이다. 예를 들면, 다음과 같은 것들이 그 원인이 될 수 있다.

· **자금 사용 제한**

· **세무조사 강화 등**

☞ 세금이 많은 사업을 영위하는 사업자들은 분명 타개책이 필요할 텐데, 이 중 하나는 법인이다. 하지만 그들에게는 법인이 낯설어 개인에 머무는 경우가 많은 것이 현실이다.

셋째, 개인과 법인에 대한 우열을 가리기가 힘들기 때문이다.

모든 사업이 개인이 좋은 것도 아니고, 법인이 좋은 것도 아니다. 같은 사업을 할 때 남이 법인을 한다고 해도 본인에게 법인이 맞지 않는 경우가 있고, 그 반대의 상황도 있을 수 있다. 그 결과, 당사자로서는 개인과 법인의 선택을 내리기가 힘들게 된다.

☞ 결국, 이러한 상황을 헤쳐나가기 위해서는 본인이 모든 상황을 이해하고 본인에게 맞는 대안을 스스로 마련할 수밖에 없다.

이상과 같은 근본적인 이유로 인해 지금은 물론, 앞으로도 개인과 법인의 선택에 대한 논쟁이 계속될 것으로 보인다.

남들은 사업을 어떤 방식으로
하고 있을까?

    그렇다면 우리나라의 개인사업자들은 어떤 형태로 사업을 영위하고 있을까? 설렁탕집을 운영하는 사업을 예로 들어 알아보자.

1. 설렁탕집의 수익구조

    설렁탕집은 재료를 구입한 후, 이를 가공해 외부의 손님들에게 팔아 이윤을 내는 업종에 해당한다. 이때 사업이윤, 즉 사업이익은 다음과 같이 계산한다.

· **수입-비용=이익**

2. 설렁탕집을 운영하는 형태

    설렁탕집을 운영하는 형태는 크게 개인과 법인이 있다. 그렇다면 이 둘은 어떤 차이가 있을까?

1) 개인

이는 설렁탕집의 주인(사업자=대표자)이 운영하는 형태를 말한다. 보통 사업자등록증상에 표시된 사업자가 주인이라고 보면 된다. 따라서 이 사업을 통해 벌어들인 이익은 모두 그 주인에게 귀속된다. 이때 주인은 자기가 번 이익의 6~45%(지방소득세 포함 시 6.6~49.5%)*의 세율로 소득세를 내야 하고, 건강보험료 등을 내야 한다. 그 결과, 이익의 50% 이상의 세금 등이 발생한다.

* 이익이 10억 원을 넘어가면 49.5%의 세율이 적용된다.

☞ 사업자 중 이익을 많이 내는 사업자가 많이 존재하는데, 이들의 고민은 바로 이 지점에서 발생한다.

2) 법인

어떤 사업자들은 법인을 세워 설렁탕집을 운영한다. 법인은 민법에 따라 법인격이 부여되고, 이에 따라 사람처럼 권리와 의무의 주체가 된다. 따라서 이 사업을 통해 벌어들인 이익은 모두 그 법인에 귀속된다. 이때 법인은 자기가 번 이익의 9~24%(지방소득세 포함 시 9.9~26.4%)*의 세율로 법인세를 내야 한다. 한편 법인은 개인처럼 건강보험료 등을 내지 않는다. 법인의 종사자인 임원이나 종업원이 급여를 받을 때 그에 대해 부과되기 때문이다.

* 이익이 2억 원 이하는 9.9%, 200억 원 이하는 20.9%가 적용된다.

☞ 법인세는 소득세에 비해 세금이 상당히 저렴하다. 예를 들어, 이익이 2억 원이라면 소득세와 법인세 차이는 얼마나 될지 알아보자. 참고로 소득세와 법인세 외에 지방소득세가 별도로 부과되지만, 이 책은 편의상 지방소득세를 생략한 경우가 많다. 실무 적용 시에는 이를 포함해 분석하기 바란다.

구분	소득세	법인세	차이
이익	2억 원	2억 원	–
×세율	38%	9%	29%
−누진공제	1,994만 원	–	–
=산출세액	5,606만	1,800만 원	3,806만 원(68%↓)

3. 개인사업자 고민의 시작점

개인사업자들의 고민은 바로 앞의 상황을 자각하면서부터 시작된다.

· 지금 내는 소득세는 적정한가?

· 법인을 만들어 법인세로 낸다면, 세금이 얼마나 줄어들까?

지금 내는 소득세는 적정한가?

앞의 설렁탕집의 예를 좀 더 확장해 개인이 이를 운영하는 경우, 소득세는 얼마나 되는지 알아보자. 그리고 나온 소득세 수준이 남들이 내는 세금과 비교해 얼마나 차이가 나는지를 점검해보자. 이를 위해서는 몇 가지 내용을 추가해야 한다.

> | 추가해야 할 내용 |
> · 매출 월 5,000만 원, 비용 월 3,000만 원, 이익 월 2,000만 원
> · 소득공제 1,000만 원

1. 소득세 계산구조

소득세는 장부 등을 통해 계산한 당기순이익에서 소득공제 등을 차감한 과세표준에 6~45%의 세율을 적용해 이를 계산한다. 이 세율은 8단계 누진세율로, 과세표준이 증가할수록 세율도 누진적으로 증가하는 구조로 되어 있다. 일단 소득세율 구조부터 파악해보자.

구분	세율(지방소득세 포함)	누진공제
1,400만 원 이하	6%(6.6%)	−
5,000만 원 이하	15%(16.5%)	126만 원
8,800만 원 이하	24%(26.4%)	576만 원
1억 5,000만 원 이하	35%(38.5%)	1,544만 원
3억 원 이하	38%(41.8%)	1,994만 원
5억 원 이하	40%(44.0%)	2,594만 원
10억 원 이하	42%(46.2%)	3,594만 원
10억 원 초과	45%(49.5%)	6,594만 원

앞에서 제시된 자료를 가지고 소득세를 계산해보자.

· 당기순이익=월 2,000만 원×12개월=2억 4,000만 원
· 과세표준=2억 4,000만 원-1,000만 원(소득공제)=2억 3,000만 원
· 산출세액=2억 3,000만 원×38%-1,994만 원(누진공제)=6,746만 원*

* 지방소득세 포함 시 7,420만 원

2. 남들은 얼마나 세금을 내고 있을까?

이와 같이 계산된 세금은 남들과 비교하면 얼마나 차이가 날까? 이에
대해서는 비교 수단이 없어 알 수가 없다. 그래서 실무에서는 동종업계가
매출 대비 얼마나 과세되는 소득을 신고하는지를 가지고 추정하는 경우
가 대부분이다. 예를 들어, 설렁탕집을 운영하는 사업자들의 평균 소득률
은 매출 대비 10%*가 된다고 하자.

* 이에 대한 자세한 내용은 국세청 홈택스에서 '기준경비율' 메뉴를 통해 해당 업종을 검색하면

이와 관련된 정보를 얻을 수 있다.

· **당기순이익=연간 매출×10%=6억 원×10%=6,000만 원**
· **과세표준=6,000만 원-1,000만 원**(소득공제)**=5,000만 원**
· **산출세액=5,000만 원×15%-126만 원**(누진공제)**=624만 원***

* 지방소득세 포함 시 686만 원

이상과 같이 본인의 소득세와 동종업계의 소득세를 비교하면, 10배 이상 차이가 나고 있음을 알 수 있다.

그렇다면 이 상황을 안 설렁탕집 사업자는 어떤 반응을 보이게 될까? 아마 십중팔구는 왜 이렇게 세금이 많이 나오는지, 이에 대한 원인을 알고 싶어 할 것이고, 그다음에는 대응책을 마련하려고 할 것이다. 이때 원인이 밝혀졌음에도 개선의 여지가 없다면 궁극적으로 법인을 생각하게 될 것이다.

법인세로 내면 소득세가
얼마나 줄어들까?

앞의 상황을 좀 더 연장해서 살펴보자. 만약 앞의 설렁탕집 사업자가 법인으로 운영했다면, 세금은 얼마나 나올까?

1. 법인세 계산구조

법인세 또한 장부 등을 통해 계산된 당기순이익에 대해 9~24%를 적용한다. 법인은 개인이 아니므로 종합소득공제 같은 제도가 없다. 한편 법인세율은 4단계 누진세율로, 과세표준이 증가할수록 세율도 누진적으로 증가하는 구조로 되어 있다. 일단 법인세율 구조부터 파악해보자.

구분	세율(지방소득세 포함)	누진공제
2억 원 이하	9%(9.9%)	−
200억 원 이하	19%(20.9%)	2,000만 원
3,000억 원 이하	21%(23.2%)	4억 2,000만 원
3,000억 원 초과	24%(26.4%)	94억 2,000만 원

앞에서 제시된 자료를 가지고 법인세를 계산해보자.

· 당기순이익=월 2,000만 원×12개월=2억 4,000만 원

· 과세표준=2억 4,000만 원

· 산출세액=2억 4,000만 원×19%-2,000만 원(누진공제)=2,560만 원*

* 지방소득세 포함 시 2,816만 원

2. 개인보다 얼마나 법인세가 줄어들었을까?

위에서 계산된 법인세를 앞에서 살펴본 소득세와 비교해보자.

1) 실제 이익을 가지고 계산한 경우

실제 이익을 가지고 소득세와 법인세의 차이를 계산하면 다음과 같다.

소득세	법인세	차이
6,746만 원	2,560만 원	4,186만 원(62%↓)

이 경우 확실히 법인이 유리한데, 이는 소득세의 한계세율이 38%인 데 반해, 법인세는 19%가 적용되기 때문이다.

2) 동종업계 신고소득률을 가지고 계산한 경우

설렁탕집을 운영하는 동종업계 사업자들의 평균 신고소득률과 비교하면 오히려 법인세가 더 많이 나온다.

소득세	법인세	차이
624만 원	2,560만 원	1,936만 원(310%↑)

3. 여기서 얻을 수 있는 교훈은?

앞에서 연간 매출이 6억 원인 설렁탕집의 예를 가지고 소득세와 법인세를 비교해보았다. 그런데 여기서 몇 가지 교훈을 얻을 수 있다. 이를 정리해보자.

첫째, 매출 크기만 가지고 법인을 설립하면 안 된다는 것이다.

물론 매출이 많으면 그에 따라 이익이 커지고 소득세 부담도 늘어나게 된다. 하지만 매출이 큰 경우라도 원가율이나 비용이 차지하는 비율이 높으면, 이익이 많이 나지 않을 수도 있다. 따라서 매출 크기만 가지고 법인 선택을 하지 않도록 한다.

둘째, 동종업계의 수준에서 신고가 될 때는 개인소득세가 법인세보다 저렴할 수 있다는 것이다.

따라서 이때는 굳이 법인으로 갈 필요는 없다.

셋째, 동종업계의 수준보다 소득세를 많이 내고 있거나, 소득세를 줄이는 방법이 없는 경우에는 선별적으로 법인을 설립하는 것이 좋다는 것이다.

사업자가 법인을 활용하는 경우는 보통 소득세 감당이 힘든 상황에서 발생한다. 사업의 마진율이 높은 경우가 이에 해당한다.

Tip 소득세율과 법인세율의 비교

개인			법인	
과세표준	세율	누진공제	과세표준	세율
1,400만 원 이하	6%	–	2억 원 이하	9%
5,000만 원 이하	15%	126만 원		
8,800만 원 이하	24%	576만 원	200억 원 이하	19%[*]
1억 5,000만 원 이하	35%	1,544만 원		
3억 원 이하	38%	1,994만 원	3,000억 원 이하	21%
5억 원 이하	40%	2,594만 원		
10억 원 이하	42%	3,594만 원	3,000억 원 초과	24%
10억 원 초과	45%	6,594만 원		

* 소규모 성실신고 확인대상 법인의 법인세율 : 200억 원 이하 19%(2025년부터 적용)

개인사업자가
법인을 활용하는 사례

앞의 내용을 토대로 개인사업자가 어떤 상황에서 법인을 설립하는지 사례를 통해 알아보자. 물론 구체적인 내용은 뒤에서 순차적으로 살펴볼 것이다.

ㅣ사례ㅣ
신성공 씨는 경기도에서 개인사업을 하고 있는데, 연간 매출은 10억 원가량 된다. 그는 점점 많아지는 세금 때문에 걱정이 많다. 그러던 중, 법인으로 사업을 하면 세금이 줄어든다는 이야기를 듣고, 진짜인지 반신반의하고 있다. 다음에서 신 사장의 고민을 해결해보자.

STEP 1. 신 사장의 세금은 얼마나 될까?

신 사장의 사업체에서는 인건비와 임대료, 그리고 수선비 등이 연간 8억 5,000만 원 정도 발생한다고 하자. 이 경우, 소득세는 얼마나 될까? 단, 세율은 6~45%를 적용하며 기타 사항은 무시하기로 한다.

앞의 내용을 토대로 다음과 같이 간단하게 소득세를 계산할 수 있다.

구분	금액	비고
소득금액	1억 5,000만 원	매출 10억 원−비용 8.5억 원
×세율	35%	
−누진공제	1,544만 원	
=산출세액	3,706만 원	산출세액의 10%만큼 지방소득세가 부과됨.

위에서 소득금액은 개인사업을 하면서 남긴 이윤이라고 할 수 있는데, 이 중 25% 이상이 세금으로 빠져나가므로 고소득자들은 기본적으로 납부해야 하는 세금에 대해서도 상당한 고충을 느끼게 된다.

STEP 2. 법인으로 운영하면 얼마의 세금을 내야 할까?

일반 법인이 벌어들인 소득에 대해 법인세가 9~24%로 과세된다. 여기서 법인세율은 이익 2억 원까지는 9%가 적용된다. 이를 토대로 법인세를 계산하면 다음과 같다.

구분	금액	비고
소득금액	1억 5,000만 원	매출 10억 원−비용 8.5억 원
×세율	9%	
−누진공제	0원	
=산출세액	1,350만 원	산출세액의 10%만큼 지방소득세(주민세)가 부과됨.

STEP 3. 법인으로 운영하는 것이 진짜 세 부담이 훨씬 작을까?

그렇지 않다. 법인의 경우에는 개인과는 다르게 법인세를 차감한 후 남은 이익이 법인에 귀속되고, 이에 대해 배당을 하면 추가적인 세금이 발생하기 때문이다. 예를 들어, 앞의 이익 1억 5,000만 원 중 1,500만 원을 제외한 1억 3,500만 원이 법인에 남아 있다고 하자. 이를 신 사장이 매년

2,000만 원 이하로 배당을 받는다고 가정하면, 이때 기본적으로 14% 세율로 원천징수가 된다. 따라서 법인을 통해 내야 할 세금은 대략 다음과 같다.

구분	법인세	배당소득세*	계
산출세액	1,500만 원	1,890만 원	3,390만 원

* 연간 금융소득이 2,000만 원 초과 시 금융소득 종합과세가 적용된다.

하지만 추가적인 세금을 고려하더라도 앞의 개인의 것보다 법인의 세금이 더 적다. 더 나아가 이익을 배당 등으로 유출하지 않으면 법인세만 부담하므로 개인보다 세금을 크게 아낄 수가 있게 된다. 이외에도 이익이 많이 날 것으로 예상하면, 대표이사의 월급 등으로 비용처리를 하게 되면 이익이 축소되어 일차적으로 법인세가 줄어들고, 이차적으로 배당소득세 등도 줄어들게 된다. 이외에 4대 보험료도 줄어드는 점도 이점이 될 수 있다. 다만, 대표이사의 월급에 대해서는 근로소득세 등이 부과되므로 줄어드는 세금 등과 늘어나는 세금 등을 비교해 월급의 크기를 정해야 한다.

구분	개인	법인
소득금액	수입금액-필요경비	익금-손금
세율	6~45%	9~24%
세후 잉여금	본인에 귀속	법인에 귀속
배당제도	없음.	있음.

Tip 개인과 법인의 장단점 비교

세무 측면에서 개인사업과 법인사업을 대략적으로 비교하면 다음과 같다.

구분	개인	법인
세율	6~45%	9~24%
장점	· 세금처리법이 간단하다. · 자금 사용이 자유롭다.	· 소득이 많은 경우 개인사업보다 세금이 약하다. · 대표이사의 급여 및 법인이 지출한 비용은 모두 인정된다.
단점	임대소득이 큰 경우 세금이 많다.	· 자금 사용에 제한이 많다. · 관리비용이 많이 들 수 있다. · 이익배당에도 세금이 부과된다.

개인과 법인의 선택

사업을 시작하거나 사업 중에 '개인으로 할 것인지, 법인으로 할 것인지'에 대해 고민하는 경우가 많다. 자신이 처한 상황에 따라 개인이 좋은 예도 있고, 법인이 좋은 예도 있기 때문이다. 다음에서는 주로 창업 시와 그 이후의 개인과 법인의 선택요령에 대해 살펴보자.

1. 개인으로 하면 좋을 상황

다음과 같은 상황이 발생하면 개인으로 사업을 시작하는 것이 좋을 것으로 보인다. 물론 향후 매출이 일정 궤도 수준으로 올라서거나, 세 부담이 큰 경우에는 법인으로 사업체제를 전환할 수도 있을 것이다.

첫째, 세 부담이 얼마 되지 않은 경우

이 경우에는 굳이 법인을 선택할 이유가 없다. 법인의 장점을 살릴 수 없을뿐더러 절차가 복잡해지고 관리비용만 증가하기 때문이다.

※ 개인과 법인의 관리 범위의 차이

구분	개인	법인	비고
장부 작성	간편장부, 복식장부	복식장부	법인의 기장료가 많아짐.
주식 변동 상황 신고	없음.	있음.	위반 시 가산세 1% 등
대표이사 보수 한도	해당 사항 없음.	있음.	위반 시 법인세와 소득세 추징

둘째, 자금 사용에 대한 규제를 받고 싶지 않은 경우

개인사업은 사업용 계좌를 사용하더라도 그 계좌에서 생활비 등을 마음대로 인출할 수 있다. 하지만 법인은 그렇지 않다. 법인계좌에서 인출하는 것은 그에 대한 근거가 있어야 하기 때문이다.

※ 개인과 법인의 자금 사용에 대한 차이

구분	개인	법인
계좌 종류	사업용 계좌*	법인계좌
생활비 인출	가능	불가
무단 인출 시 법적인 제재	없음.	가지급금, 횡령 등

* 사업용 계좌란, 개인사업자 중 매출액이 일정액(유통업 3억 원, 제조업 1.5억 원, 서비스업 7,500만 원) 이상 되는 복식부기 의무자 등이 세무서에 의무적으로 신고한 통장 계좌를 말한다. 이들은 이 계좌를 통해 수입금액을 받고 인건비 등을 지출해야 한다. 이를 어긴 경우 가산세가 있다. 이에 반해 법인은 굳이 이러한 제도를 두지 않아도 법인계좌를 통해 지출 사실 등을 알 수 있으므로 사업용 계좌 의무제도를 두고 있지 않다.

셋째, 사업체를 물려줄 이유가 없는 경우

법인으로 사업을 하는 이유 중 하나는 사업을 한껏 키워 이를 자녀 등에게 승계*시켜주기 위해서다. 하지만 사업의 규모나 내용으로 보건대 승계가 필요 없는 경우에는 굳이 법인으로 할 이유가 없다.

* 가업 승계 등에 대해서는 저자의 《상속·증여 세무 가이드북》, 《가족 간 상속·증여 영리법인으로 하라!》 등을 참조하면 된다.

☞ 법인으로 사업을 하면 불필요한 규제가 많다. 따라서 법인의 장점이 뚜렷하지 않은 이상 개인으로 사업을 영위하는 것이 좋을 것으로 보인다.

2. 법인으로 사업하면 좋을 상황들

법인으로 사업하면 좋을 상황을 세 가지 유형으로 요약하면 다음과 같다. 물론 이외에도 보는 각도에 따라 다른 내용이 있을 수 있다.

첫째, 소득세가 많은 경우

법인을 선호하는 이유 중 가장 큰 것은 바로 법인세가 소득세보다 저렴하다는 것이 아닌가 싶다. 법인세의 경우 9~24% 정도가 부과되지만, 개인 소득세는 6~45%까지 부과되어 2배 이상 차이가 나기 때문이다. 물론 법인은 이차적으로 배당을 할 때 배당소득세가 추가되지만 이를 고려하더라도 세율 차이는 무시할 수 없을 것이다.

둘째, 비용처리의 폭을 넓히고 싶은 경우

개인사업의 경우, 대표자의 인건비를 비용으로 처리하지 못하는 한편 일상적인 지출이 가사비용으로 판정받을 가능성이 크다. 또한, 대출에 대한 이자비용이 사업과 관련성이 있는지를 두고 쟁점이 발생할 수 있다. 하지만 법인의 경우, 대표이사의 급여가 인정되는 한편 이외의 비용은 대부분 사업과 관련성 있는 지출에 해당하는 경우가 많아 비용처리가 쉬운 측면이 있다.

셋째, 사업체를 안정적으로 대물림하고 싶은 경우

개인은 영속성이 약하기 때문에 사업체를 체계적으로 인수하기가 힘든 측면이 있다. 이에 반해 법인은 단일화된 조직체로 되어 있고, 그 상태에서 주식을 인수하면 바로 경영권이 확보되므로 대물림이 비교적 쉽게 이루어진다.

☞ 이상의 내용을 보면 사업 형태를 선택하는 기준은 '세금의 크기'가 주가 된다. 이외의 요소들은 부수적인 기준이 된다.

3. 적용 사례

사례를 통해 앞의 내용을 확인해보자. 강기풍 사장은 현재 40대 중반으로, 현재 나름 잘나가는 개인사업체를 운영하고 있다. 올해의 실적은 다음과 같이 예상된다. 물음에 답해보자.

| 자료 |
· 매출 : 12억 원(월평균 1억 원 선)
· 비용 : 6억 원(월평균 5,000만 원 선)

Q1. 올해 소득세는 얼마나 예상되는가? 단, 자료 외는 무시한다.

당기순이익 6억 원에 대해 세율을 곱하면 예상되는 소득세는 다음과 같다.

· **산출세액 : 6억 원×42%-3,594만 원**(누진공제)**=2억 1,606만 원**(지방소득세 포함 시 2억 3,766만 원)

Q2. 만일 이 사업을 법인으로 운영한 경우라면, 법인세는 얼마나 예상되는가?

당기순이익 6억 원에 대해 세율을 곱하면 예상되는 법인세는 다음과 같다.

· **산출세액 : 6억 원×19%−2,000만 원**(누진공제)**=9,400만 원**(지방소득세 포함 시 1억 340만 원)

개인보다 법인이 1억 2,000만 원 이상 저렴하다.

Q3. 만일 대표자의 인건비를 1억 원 추가하면 개인과 법인의 세금은 얼마나 달라지는가?

개인의 경우 대표자의 인건비는 비용으로 인정되지 않으므로 세금 크기는 변동이 없으나, 법인의 경우에는 이의 인건비가 비용으로 인정되므로 1,900만 원(1억 원×19%) 정도의 세금이 줄어든다.

Q4. 앞의 결과들을 보면 매년 벌어들인 이익에 대해서는 개인보다 법인이 세금이 낮다. 그 이유는 무엇인가?

우리나라에서 기업의 형태는 대부분 주식회사, 즉 법인의 형태를 띠고 있다. 이들 기업은 주로 외국의 기업들과 경쟁을 하게 되는데, 세율을 높이면 이들의 경쟁력이 떨어지기 때문이다.

Q5. 앞의 강 사장은 어떤 식으로 법인을 운영할 수 있을까?

개인사업체를 대체할 법인을 만들어 시작하면 된다. 다만, 이때 강 사장이 보유하고 있는 재고자산이나 부동산 등을 법인에 이전 시 부가세와 양도세, 취득세 등이 부과되는 등 다양한 쟁점들이 발생하므로 반드시 세무 전문가와 함께하는 것이 좋다. 재고자산과 부동산이 많은 경우에는 이 점에 특히 주의해야 한다. 이에 대한 자세한 내용은 이 책의 전반에서 다루고 있다.

[절세 탐구 1]
법인전환의 장단점

개인사업을 영위하는 사업자가 법인으로 전환하기 위해서는 개인사업을 정리하고 법인을 신설해야 한다. 이때 가장 단순한 방법은 개인사업을 정리하고 별도의 법인을 신설해 사업을 시작하는 것이다. 하지만 개인사업장(전환 사업장)에 재고자산이나 부동산, 인력, 기존의 거래처, 채권과 채무 등이 복잡해 얽혀 있는 경우, 이를 한방에 정리하기가 쉽지 않다. 그래서 자연스럽게 사업 자체를 통째로 법인에 이전하는 방법을 찾게 된다. 세법이나 실무에서는 이를 '법인전환'이라고 한다. 다음에서 법인전환에 대한 장단점을 정리해보자.

1. 법인전환의 장점

법인전환을 하면 다음과 같은 효과를 누릴 수 있다.

첫째, 저렴한 법인세 효과를 누릴 수 있다.
이는 법인전환의 가장 큰 장점에 해당한다.

둘째, 비용처리를 늘릴 수 있다.
대표이사 급여 등을 비용으로 처리할 수 있고, 4대 보험료도 적절히 통제할 수 있다.

셋째, 영업권을 양도할 수 있다.

개인사업을 법인으로 전환하는 과정에서 영업권을 평가해 현금을 수취할 수 있다.

넷째, 자녀에게 사업을 물려줄 수 있다.

법인을 설립하는 과정에서 자녀를 법인의 주주로 참여시켜 법인을 운영할 수 있게 할 수 있다.

다섯째, 자금조달 등에서 유리할 수 있다.

기업에 필요한 대규모 자금은 개인보다는 법인이 유리한 측면이 있다.

2. 법인전환의 단점

법인전환 시 다음과 같은 단점들이 발생한다.

첫째, 법인전환에 따른 비용이 발생한다.

법인전환을 위해서는 개인사업에 대해 결산을 하고 법인을 설립하고, 자산을 법인에 이전하는 과정에서 다양한 비용이 소요될 수 있다.

둘째, 재고자산이 많으면 부가세가 과세되는 한편, 재고자산을 법인에 양도하는 것으로 보기 때문에 소득세가 많이 나올 수 있다.

재고자산을 법인에 이전하는 경우 부가세를 과세하는 것이 원칙이다. 이때 세법은 시가를 기준으로 양수도금액을 정하도록 하고 있어 개인의 소득세가 늘어날 수 있는 위험성이 존재한다.

☞ 세법은 법인전환 시 부가세가 법인전환의 걸림돌이 되지 않도록 요건(포괄사업양수도 요건)을 갖추면 재화의 공급으로 보지 않도록 하고 있다. 다만, 이 경우 소득세에 대해서는 별다른 조치를 두고 있지 않다(주의).*

* 소득법에서는 재고자산에 대한 평가를 시가로 하는 것을 원칙으로 하나, 저자는 장부가로 하는 것이 타당하다고 본다. 이에 대한 자세한 내용은 3장의 절세 탐구에서 다룬다.

셋째, 부동산이 있는 경우 양도세와 취득세가 발생할 수 있다.

사업자의 사업용 부동산을 법인에 이전하는 경우 양도세가 발생하는 한편, 법인에 대해서는 취득세가 발생한다.

☞ 세법은 양도세와 취득세가 법인전환의 걸림돌이 되지 않도록 요건(세 감면요건)을 갖추면, 양도세 이월과세와 취득세 감면을 허용하고 있다(단, 부동산 임대업은 취득세 감면 불허).

☞ 법인전환은 단점보다는 장점이 많을 때 시도할 수 있어야 한다. 물론 이때 발생하는 전환하는 비용의 크기를 확인하고, 재고자산과 부동산 관련 세무상 쟁점, 영업권 문제 등을 검토해야 한다.

개인사업자가 법인전환을 할 것인지, 말 것인지 이에 대한 의사결정을 내릴 때는 다양한 요소를 가지고 종합적으로 판단해야 한다. 다음은 이에 대한 의사결정 시 참고하면 좋을 판단기준이다.

1. 업종

개인사업자가 영위하고 있는 업종을 기준으로 법인전환에 대한 의사결정을 내릴 수 있다.

구분	규제	법인전환의 실익
소비성 서비스업	양도세 이월과세, 취득세 감면 불허	부동산을 소유한 경우 법인전환의 실익이 별로 없음.
주택 임대업	양도세 이월과세와 취득세 감면 불허	법인전환의 실익이 없음.
부동산 임대업	· 양도세 이월과세는 가능하나 취득세 감면 불허 · 임대업 법인에 대한 성실신고확인제도, 인상된 법인세율 등 적용	법인전환의 실익이 없는 경우가 많으니 사전에 신중한 검토 요망
부동산 매매업	재고 부동산을 시가*로 계상해야 하며, 취득세 감면은 불허함.	법인전환의 실익이 없음.
유통업	재고자산을 시가*로 계상해야 하며, 양도세 이월과세와 취득세 감면을 받을 수 있음.	법인전환의 실익이 있으나 재고자산에 대한 소득세 시가 과세 문제가 있음.

구분	규제	법인전환의 실익
제조업, 음식점업, 숙박업	양도세 이월과세와 취득세 감면을 받을 수 있고, 소득세 시가 과세 문제가 없음.	법인전환의 실익이 큼.
서비스업	개인사업을 폐업하고 법인을 신설하는 방법으로 법인전환을 할 수 있음.	법인전환의 실익이 매우 큼.
의료업	의료법에 따른 의사업 등은 영리법인이 될 수 없음.	영리법인으로의 전환은 할 수 없음 (MSO[**] 방식으로 법인을 운영해야 함).

* 과세관청은 시중에서 판매된 가격을 시가로 보나 이를 적용하는 것이 무리다. 이에 대한 자세한 내용은 3장 절세 탐구에서 다룬다.

** 별도의 법인을 설립해 해당 사업체의 업무를 일부 대행해주는 방식을 말한다. 예를 들어, 해당 법인이 사업체의 광고 등을 대행할 수 있다.

2. 이익 규모

이익 규모는 개인사업자의 법인전환 결정에 가장 결정적인 영향을 미치는 요소에 해당한다. 이익이 많으면 소득세가 많이 나와 이를 줄이기 위한 수단으로 법인전환을 시도하는 경우가 많기 때문이다. 예를 들어, 다음의 표에서 소득금액이 10억 원이면 개인은 3억 8,000만 원의 소득세가 예상되지만, 법인은 1억 7,000만 원 정도로 예상된다. 따라서 이러한 상황에서 법인전환을 하게 되면 대략 2억 원 이상의 세금을 절약할 수 있게 된다. 다만, 세후 이익에 대해 배당을 하게 되면 배당소득세가 추가되므로 이러한 차이가 다소 줄어들게 된다.

※ 이익 규모별 소득세와 법인세 시뮬레이션(지방소득세 포함)

구분		개인	법인
각 사업연도	1억 원	1,956만 원	900만 원
	2억 원	5,606만 원	1,800만 원
	5억 원	1억 7,406만 원	7,500만 원
	10억 원	3억 8,406만 원	1억 7,000만 원
배당소득		–	14%~
청산소득		–	9~24%

☞ 일반적으로 프리랜서 직업군(연예인, 유튜버, 보험설계사 등)은 비용이 별로 없어 위와 같이 이익이 많아지면, 세금이 상당히 많다. 따라서 이러한 직군일수록 법인의 필요성이 제기된다.

3. 매출 규모

개인사업자의 법인전환 시 매출도 하나의 판단 기준이 될 수 있으나, 절대적인 기준은 되지 않는다. 이익 규모가 더 중요할 수 있기 때문이다. 다만, 매출액이 10억 원 이하인 개인사업자가 신용카드나 현금영수증을 발행하면 연간 1,000만 원 이하에서 부가세 세액공제를 받을 수 있는데, 법인은 이러한 혜택이 없다. 이러한 점도 법인전환 시 참작되어야 한다.

☞ 세법에서는 매출액을 기준으로 다양한 제도를 운용하고 있다. 주요 내용을 위주로 정리하면 다음과 같다.

구분	개인	법인
7,500만 원	서비스업 간편장부 기준	
1억 400만 원	간이과세와 일반과세의 구분	법인은 간이과세 불가
1.5억 원	제조업, 음식점업 등 간편장부 기준	
3억 원	유통업 등 간편장부 기준 (간편장부대상자는 세무조사 면제)*	소규모 법인 세무조사 면제*
5억 원	서비스업 등 성실신고 기준	–
7.5억 원	제조업, 음식점업 등 성실신고 기준	–
10억 원	신용카드발행 세액공제 적용 기준(10억 원 이하)	법인은 해당 공제 적용하지 않음(주의).
15억 원	유통업 등 성실신고 기준	

* 개인은 업종별로 간편장부 대상자(7,500만~3억 원 이하), 법인은 3억 원 이하에 해당하면 세무조사를 면제할 수 있다(국세기본법 제81조의 6 제5항). 단, 복식부기로 장부를 작성해야 하고 사업용 계좌(개인에 한함) 등의 요건을 갖춰야 한다.

4. 설립 방법과 법인전환 비용

개인사업자의 관점에서는 본인에게 맞는 법인전환 방법과 그에 따른 소요비용 등을 판단기준으로 삼는 때도 있다. 참고로 사업용 부동산을 법인으로 이전 시에는 양도세와 취득세, 소유권 이전비용(채권할인비용 포함)이 추가로 발생한다.

구분	법인전환의 내용	소요비용
자산양수도	필요한 자산만 법인이 인수하는 방법	법인설립비용, 부동산의 경우 소유권 이전비용
사업양수도*	사업 자체를 법인이 인수하는 방법	결산비용, 법인설립비용(감정평가비용 발생은 유동적), 부동산의 경우 소유권 이전비용
현물출자	개인사업의 순자산을 법인이 인수하는 방법	결산비용, 법인설립비용, 감정평가비 용, 부동산의 경우 소유권 이전비용

구분	법인전환의 내용	소요비용
개인 외 법인설립 병행	법인을 별도로 신설하는 방법	법인설립비용

* 사업양수도 방식은 현물출자 방식에 비해 법원검사 절차가 없으므로 후자보다 소요기간이 짧고 설립 절차가 간단하다. 그 결과, 드는 비용도 현물출자보다 많이 소요되지 않는다. 이러한 점 때문에 실무에서는 이 방법으로 법인전환을 하는 경우가 많다. 사업양수도의 법인전환 절차를 간단히 정리하면 다음과 같다.

① 개인사업자의 결산(1월 1일부터 법인전환일까지의 결산, 순자산가액 결정) → ② 법인설립등기(개인기업 대표자 발기인, 순자산가액 이상 현금출자)와 사업자등록 → ③ 이사회 및 주주총회(사업양수도 의결) → ④ 포괄사업양수도계약 체결(법인설립 후 3개월 이내) → ⑤ 개인사업자 폐업 신고 및 부가세 신고(폐업 일자 사업양수도 확정일 전일, 폐업일의 말일부터 25일 이내 신고, 사업양수도계약서·개인기업 재무제표 등 제출) → ⑥ 부동산, 예금, 부채 등의 재산 명의변경 → ⑦ 개인사업자의 양도세 예정 신고 및 이월과세 적용신청

☞ 참고로 이 책은 가독성을 높이기 위해 ① 개인사업자의 결산 → ② 영업권 세무처리법 → ③ 포괄양수도계약서 관련 쟁점 검토 → ④ 법인설립 → ⑤ 양도세 이월과세와 취득세 감면신청 → ⑥ 개인사업자의 부가세와 소득세 신고, 전환법인의 법인세 신고법 등의 순으로 알아보고자 한다.

2장

법인으로 사업하면
달라지는 것들

개인과 법인의
운영 원리

개인으로 사업을 운영하는 사업자는 법인이 다소 생소하게 느껴질 수 있다. 회사의 운영 방식, 결산, 세금 등 모든 것이 낯설기 때문이다. 하지만 법인의 속성을 이해하고 세법의 내용을 대략 이해할 수 있다면 바로 따라잡을 수 있을 것으로 본다. 다음에서는 개인에서 법인으로 사업 형태가 바뀔 때 알아둬야 할 주요 내용을 순차적으로 살펴보자. 먼저 개인과 법인의 운영 원리부터 비교해보자.

1. 개인

1) 사업의 주체

개인사업은 개인이 사업의 주체가 된다. 이때 개인은 그 자격을 별도로 정함이 없이 누구라도 이를 운영할 수 있도록 하고 있다(단, 허위로 사업자등록을 하는 경우는 제외).

☞ 개인은 사업주가 모든 의사결정을 할 수 있다. 참고로 개인은 상법의 규제를 적용받지 않는다.

2) 세후 이익의 귀속

개인사업의 경우 세전 이익에 6~45%를 적용해 세후 이익을 계산하며, 이때 세후 이익은 모두 개인에게 귀속된다. 이러한 세후 이익에 대해서는 추가적인 세금이 발생하지 않는다.

2. 법인

1) 사업의 주체

법인사업은 법인이 사업의 주체가 된다. 다만, 법인은 자연인이 아니므로 상법에서 정하고 있는 기관을 통해 회사를 운영하고 있다. 회사의 기관으로는 **주주총회**(중요 사항 결정), **이사회**(경영 정책 결정), 그리고 **대표이사**(법적 대표 및 일상 업무 수행)가 있다. 감사는 재무 및 경영 감시를 맡고 있다.

☞ 법인은 상법이나 세법 등에서 다양한 규제를 하고 있다. 예를 들어, 주주총회를 통과하지 않은 임원인건비는 비용으로 인정하지 않는 식으로 대응하고 있다. 또한, 법인의 자금을 유용하면 횡령이나 업무 무관 가지급금*으로 보아 이에 대한 이자를 계산해 법인세와 소득세를 과세하기도 한다. 이렇게 규제하는 이유는 임원 등이 법인의 자산을 함부로 사용하는 것을 방지하기 위해서다.

* 업무와 관련 없이 회사의 자금을 인출해 사용하는 것을 말한다.

2) 세후 이익의 귀속

법인사업의 경우 세전 이익에 9~24%를 적용해 세후 이익을 계산하며, 이때 세후 이익은 일차적으로 법인에 귀속된다. 이러한 세후 이익에 대해서는 주주에게 배당 등을 하면 추가적인 세금이 발생한다.

구분	내용	세금 종류
세후 이익	법인에 귀속	법인세
▼		
세후 이익배당 시	주주에 귀속	배당소득세
▼		
법인청산 시	잔여재산 주주에 귀속	법인세,* 배당소득세

* 청산소득에 대해서는 법인세도 부과된다. 참고로 이 책에서는 청산법인세에 대해서는 다루지 않는다.

3. 적용 사례

사례를 통해 앞의 내용을 확인해보자.

| 자료 |
· 이익 : 1억 원
· 기타 사항은 무시함.

Q1. 소득세와 법인세는 얼마인가?

소득세는 1억 원에 35%와 누진공제 1,544만 원을 적용하면, 1,956만 원이 나온다. 한편 법인세는 1억 원에 9%를 적용하면, 900만 원이 나온다. 그 결과, 이 둘의 차이는 1,056만 원이 된다.

Q2. 만일 법인의 주주에게 8,000만 원을 배당하면, 배당소득세는 얼마나 되는가? 적용되는 세율은 14%로 하기로 한다.

8,000만 원에 14%를 곱하면 1,120만 원이 나온다.

Q3. 앞의 물음들을 종합해볼 때 개인과 법인이 부담하는 세금 관계는 어떻게 되는가?

먼저 개인과 법인이 부담하는 세금 관계를 소득별로 정리하면 다음과 같다.

구분	개인	법인
각 연도의 소득	소득세(6~45%)	법인세(9~24%)
배당소득	없음.	소득세(14% 이상)
청산소득	없음.	법인세(9~24%)
계	6~45%	23% 이상

앞 표에서 개인은 소득이 발생하면 딱 한 번 6~45%의 세율로 소득세를 부담하면 된다. 그런데 법인은 일차적으로 법인세를 9~24%로 내고 이후 배당소득이 발생하면 추가로 소득세가 발생한다. 물론 여기서 배당은 강제적으로 하는 것이 아니므로 배당이 없다면 법인세로 그치게 된다.

Tip 개인과 법인의 운영 원리

구분	개인	법인
설립 절차	없음.	있음. 법인설립등기 필요함.
법인 운영 주체	개인	기관(주주총회, 이사회 등)
경영 책임	무한대	지분한도
이익 양도	별도의 과정이 없음.	별도의 과정이 있음.
청산 절차	없음.	있음.
법률 규제	상법 등의 규제 없음.	상법 등의 규제 있음.

소득세와 법인세
계산구조

개인은 다음 해 5월 중에 소득세를 신고하지만, 법인은 다음 해 3월 중에 법인세를 신고한다(12월 말 법인의 경우). 그런데 소득세와 법인세의 과세표준 및 세율 등에서 차이가 있다. 다음에서 개인과 법인의 소득세와 법인세 계산구조에 대해 알아보자.

1. 소득세와 법인세 계산구조의 비교

개인사업자의 소득세와 법인의 법인세 계산구조를 비교하면 다음과 같다.

구분	개인	법인	비고
수입금액	기업 회계상 매출	좌동	사업용 부동산의 양도차익과 영업권소득은 제외
−비용	· 장부 · 추계	장부	비용처리에서 개인과 법인 간 차이가 있음.
=당기순이익	×××	×××	
±세무조정*	소득법 적용	법인법 적용	
=소득금액	×××	×××	

구분	개인	법인	비고
−공제	소득법상 공제	법인법상 공제	법인은 소득공제가 거의 없음.
=과세표준	××××	××××	
×세율	6~45%	9~24%	
−누진공제			
=산출세액	××××	××××	
−세액공제**	· 자녀 세액공제, · 고용 세액공제 등	좌동 (사업 관련된 것만 동일)	자녀 세액공제 등은 개인만 가능
−세액감면**	중소기업 특별세액감면 등	좌동	개인과 법인 동일하게 적용
+무기장가산세	20%	20%	
=결정세액	××××	××××	
−기납부세액			
=납부할 세액	××××	××××	

* 이 책에서는 세무조정에 대해 큰 비중을 두고 있지 않다. 소득세와 법인세를 정확히 계산하는 데 초점을 두고 있지 않기 때문이다.

** 소득세와 법인세 관련 세액공제와 세액감면제도는 매우 중요하다.

※ 개인사업자와 법인의 소득 범위와 과세 방식

개인사업자와 법인이 사업을 하면서 발생한 소득에 대해서는 과세 방식이 다르다. 이를 정리하면 다음과 같다.

구분	내용	개인	법인
금융소득	자금 대여나 출자의 대가로 얻은 이자 또는 배당소득	종합과세 또는 분리과세	법인세***
사업소득	사업 활동을 통해 얻은 소득	종합과세	
기타소득	영업권 등의 양도로 얻은 소득(일시적)	종합과세 또는 분리과세*	
양도소득	부동산을 양도해 얻은 소득 (부동산과 함께 양도하는 영업권소득 포함)	분류 과세**	

* 사업양수도 과정에서 발생한 영업권소득이 기타소득이 되면 원칙적으로 종합과세가 된다. 다만, 부동산과 함께 양도해 발생한 영업권소득은 양도소득에 해당한다.

** 사업용 부동산을 양도하면서 얻은 양도소득은 종합과세가 아닌 양도세로 분류 과세된다.

*** 법인에게 발생한 소득은 모두 법인의 단일소득으로 이에 대해서는 법인세가 과세된다.

2. 적용 사례

사례를 통해 앞의 내용을 확인해보자. K 씨는 개인사업을 법인으로 전환해 운영하고자 한다. 물음에 답해보자.

| 자료 |
· 연간 5억 원의 수입이 발생하고 있음.
· 사업상 필요경비는 대략 수입의 50% 수준임.
· 세법상 접대비 및 기타 비용 한도 초과액은 5,000만 원임.

Q1. 당기순이익에 대해 예상되는 소득세와 법인세는?

구분	소득세	법인세
수입	5억 원	5억 원
−비용	2억 5,000만 원	2억 5,000만 원
=당기순이익	2억 5,000만 원	2억 5,000만 원
±세무조정	5,000만 원	5,000만 원
=소득금액	3억 원	3억 원
×세율	38%	19%
−누진공제	1,994만 원	2,000만 원
=산출세액	9,406만 원	3,700만 원
지방소득세 포함 시 산출세액	1억 346만 원	4,070만 원

참고로 세무조정은 회계상의 당기순이익을 계산하는 수입과 비용이 세법 기준을 위배했을 경우, 이를 세법에 맞게 고치는 작업 과정을 말한다.

Q2. 앞의 결과, 법인세는 더 작게 나왔는데 법인이 추가로 부담해야 할 세금은 없는가?

아니다. 세후 잉여금을 배당으로 지급하면, 이에 대해서는 추가적인 소득세가 발생할 수 있다.

Q3. 법인의 대표이사 등은 건강보험료를 어떤 식으로 내는가?

개인은 사업소득 금액을 기준으로 건강보험료가 발생하나, 법인은 개인의 근로소득을 기준으로 건강보험료가 책정된다.

계좌운영법

개인과 법인의 운영 중 차이가 크게 나는 부분 중의 하나는 바로 계좌와 자금 사용에 대한 것이다. 개인은 비교적 자유스럽지만, 법인은 그렇지 않기 때문이다. 다음에서 이에 대해 알아보자.

1. 사업용 계좌제도

1) 개인

개인은 관할세무서에서 신고한 계좌(사업용 계좌)를 통해 사업과 관련된 입출금을 하도록 강제하고 있다. 다만, 이러한 의무는 사업자 중 복식부기 의무자*에게만 적용된다. 이들은 국세청에 등록한 계좌를 통해 매출 대금을 입금해야 하고, 인건비 등 주요 비용에 대해서는 이를 통해 출금해야 한다. 만일 이러한 의무를 지키지 않으면 가산세 등의 불이익이 주어진다.

* 업종별로 전년도의 매출액이 일정액(도소매업 등 3억 원, 음식 · 숙박업 등 1억 5,000만 원, 서비스업 7,500만 원) 이상이면 복식 회계에 따라 장부를 작성해야 한다. 복식 회계는 회계거래를 차변과 대변으로 파악해 장부에 기록하는 방법을 말한다.

2) 법인

법인에 대해서는 사업용 계좌를 사용할 의무를 두고 있지 않다. 어차피 법인은 모든 거래행위를 회계처리에 반영해야 함에 따라 검증수단이 있기 때문이다.

☞ 법인은 사업용 계좌제도는 없지만, 원칙적으로 법인계좌를 통해 입출금이 되어야 한다. 이때 무단으로 인출하면 해당 금액은 가지급금으로 분류되며, 대표 등이 입금한 돈은 가수금으로 관리된다. 전자의 경우, 업무와 관련 없이 대여한 자금에 대해서는 4.6% 상당의 이자를 계산해 법인의 수익과 대표이사의 상여 등으로 처리해 법인세와 소득세를 부과한다. 후자의 경우, 법인의 운영자금이 부족하면 개인이 이를 조달하게 되는데, 이는 법인이 갚아야 할 돈이 되므로 이를 부채(가수금)로 장부에 계상하게 된다. 개인들은 이러한 회계처리가 필요 없다.

2. 적용 사례

K 법인은 최근 설립되었다. 이 법인의 대표이사는 법인의 운영과 관련해 몇 가지가 궁금하다. 다음 물음에 답해보자.

Q1. 법인은 사업용 계좌를 관할세무서에 신고해야 하는가?
아니다. 법인은 이러한 규제가 없다.

Q2. 법인의 계좌에서 자금을 무단으로 인출하면 어떤 문제가 있는가?
업무와 관련 없이 대여한 자금에 대해서는 4.6% 상당의 이자를 계산해 법인의 수익과 대표이사 등의 상여로 처리해 법인세와 소득세를 부과한다.

Q3. K 법인의 대표이사가 개인 자금을 법인계좌에 입금했다고 하자. 이때 무이자 방식도 문제가 없는가?

그렇다. 법인의 운영자금이 부족하면 개인이 이를 조달하게 된다. 이는 법인이 갚아야 할 돈이 되므로 부채(가수금)로 장부에 계상하게 된다. 이때 가수금에 대해서는 이자를 주고받지 않아도 세법상 문제가 없다.[*]

> [*] 단, 주주별로 무상대여에 따른 이자(4.6%)가 1년 기준 1억 원 이상이면 해당 주주에 대한 증여세 과세 문제가 발생한다(상증법 제45조의 5).

Tip 개인과 법인의 자금 사용에 대한 차이

구분	개인	법인
계좌 종류	사업용 계좌 (복식부기 의무자에 한함)	법인계좌[*]
무단 인출 시 법적인 제재	없음.	가지급금, 횡령 등

> [*] 법인은 개인계좌를 사용해도 가산세 제재는 없다. 다만, 내부 관리를 위해서는 법인계좌를 이용하는 것이 좋다.

비용처리법

개인들이 지출한 비용에는 업무 무관 비용이 섞여 있다 보니 향후 세무 조사 등에서 문제가 될 가능성이 크다. 하지만 법인은 비용으로 간주하는 경우가 많아 개인보다는 문제점이 덜 심각한 편이다. 한편 개인은 대표자의 보수가 비용으로 인정되지 않지만, 법인은 대표자의 보수가 급여로 인정되는 차이가 있다. 다음에서 개인과 법인의 비용처리법을 간단히 정리해보자.

1. 개인과 법인의 비용처리법 비교

1) 개인

개인의 지출은 모두 비용으로 처리할 수 없다. 가사용으로 사용된 경우가 많기 때문이다. 한편 대표자의 인건비는 필요경비로 인정되지 않는다.

2) 법인

법인은 개인들보다 비용처리 면에서 그 폭이 넓다. 우선 법인카드 등으로 지출된 것들은 무조건 장부에 반영한 후 업무 관련성을 따지기 때문이다. 한편 법인대표자의 인건비는 대부분 비용으로 인정된다.

☞ 법인은 지출항목별로 증빙과 법인계좌의 내용이 일치되어야 하므로 장부 관리가 촘촘해진다. 이러한 이유로 세무회계사무실에 장부 작성을 의뢰하면 기장료가 많아진다.

※ 개인과 법인의 비용처리법 비교

구분	개인	법인
비용처리의 범위	법에 열거된 항목	법인의 자산을 감소시키는 지출*
대표자의 인건비	비용에 해당하지 않음.	비용에 해당함.
1인 대표이사의 식대	이론적으로 비용에 해당하지 않음.	비용에 해당함.
업무용 승용차 업무 전용보험 가입 의무	장부 기준 등에 따라 차등 적용함.	무조건 가입해야 함. 불이행 시 전액 비용 부인

* 법인은 개인들보다 비용처리 면에서 그 폭이 넓다. 우선 법인카드 등으로 지출된 것들은 무조건 장부에 반영한 후 업무 관련성을 따지기 때문이다.

2. 적용 사례

사례를 통해 앞의 내용을 확인해보자.

| 자료 |
· K 씨는 연간 이익이 5억 원 넘는 사업을 운영 중임.
· K 씨는 소득세를 축소하려는 방안을 강구 중임.

Q1. K 씨도 매월 급여를 받는 식으로 사업을 운영하고 있다. 그런데 왜 이 급여는 비용으로 인정하지 않는가?

K 씨는 사업체에 고용된 것이 아니며, 자신의 이익 중 일부를 받아가는 것이기 때문에 비용으로 인정하지 않는다.

Q2. 만일 K 씨가 법인을 세워 대표이사로 취임한 후 급여를 받으면 비용으로 인정되는가?

그렇다. K 씨는 법인과의 위임계약을 통해 보수를 받기 때문이다.

Q3. Q2에서 법인의 임원은 마음대로 급여를 받을 수 있는가?

아니다. 임원은 자신들의 보수를 마음대로 정할 수 있어 세법에서 이를 규제하기 때문이다. 다음의 표를 참조하자.

구분	규제	비고
급여	주주총회에서 한도 결정	한도 내 지출 시 특별한 규제가 없음.
상여	사전에 마련된 상여 지급규정에 따라 지급해야 함.	이의 위반 시 비용으로 인정하지 않음.
퇴직금	정관 등에서 정한 대로 지급되어야 함.	이의 위반 시 비용으로 인정하지 않고 근로소득으로 세금 정산함.

Q4. 개인사업자와 법인사업자의 건강보험료는 어떤 식으로 부과하는가?

구분	개인	법인
부과 기준	종합소득세 신고서상의 소득금액을 기준으로 부과	원천징수된 근로소득을 기준으로 부과
특징	사업소득 조절은 근로소득보다 힘듦.	근로소득은 조절할 수 있음.

Q5. 개인사업자와 법인 대표이사는 퇴직금을 비용으로 처리할 수 있는가?

개인사업자는 해당 사항이 없으나, 법인 대표이사의 퇴직금은 비용으로 처리할 수 있다. 법인의 기타 비용처리법에 대해서는 저자의 다른 책들을 참조하기 바란다.

업무용 승용차
비용처리법

승용차 등 차량과 관련해서 발생하는 각종 비용은 기업(개인과 법인)에는 없어서는 안 될 중요한 경비에 해당한다. 차량 구입비는 물론이고, 각종 운행 관련 비용들이 모두 경비처리의 대상이 되기 때문이다. 하지만 최근 이를 둘러싸고 다양한 규제들이 속속 도입되면서 주의할 것들이 상당히 많아졌다. 다음에서는 개인과 법인이 반드시 알아야 할 승용차 비용처리법에 대해 알아보자.

1. 개인사업자와 법인의 승용차 관련 규제 요약

개인과 법인이 사업에 사용하는 승용차와 관련해 어떤 규제를 받는지 이를 정리해보자. 참고로 여기서 규제 대상이 되는 차는 승용차(회사로부터 리스나 렌탈한 승용차 포함)를 말하나, 1,000cc 이하의 경승용차와 개인으로부터 임차한 승용차는 제외한다.

구분		개인사업자	법인
1. 취득 시	① 취득 때 발생하는 세금	부가세, 개별소비세, 취득세 등	좌동
	② 부가세 환급 여부	개별소비세가 부과되지 않는 차량 부가세 환급 가능(일반과세자에 한함)	좌동
2. 운행 시	① 업무용 승용차 비용 규제 대상	복식부기 의무자 이상	모든 법인
	② 운행비 규제	· 운행일지 작성 : 업무 사용비율 · 운행일지 미작성 : 1,500만 원	· 좌동 · 좌동(단, 임대법인 500만 원)
	③ 연두색 번호판	부착의무 없음.	8,000만 원 이상 승용차는 부착의무(불이행 시 전액 손금불산입)
	④ 업무전용 자동차보험 가입	의무(사업자 유형별로 미가입 시 손금불산입 차등 적용, 아래 참고)	의무 (불이행 때 전액 손금불산입)
	⑤ 운행명세서 미제출 등 가산세	2022년부터 적용(규제 대상 차량에 한함)	좌동
3. 처분 시	① 처분 시 부가세 발생 여부	발생(단, 면세업은 제외)	좌동
	② 처분손실 인정	연간 800만 원(초과분은 이월과세)	좌동

※ 사업자의 업무 전용 자동차보험 관련 개정내용

구분	종전	개정(현행)	시행시기
사업자의 업무 전용 자동차보험 가입 의무	성실신고확인대상자와 전문직 사업자	전체 복식부기 의무자(확대)	2024.1.1 이후 소득발생분
전용보험 미가입 시 필요경비 불산입률	50%	100%	2024.1.1 이후 발생분*

* 단, 성실신고확인대상자 또는 전문직 사업자가 아닌 경우 2024~2025년은 50% 불산입함.

2. 적용 사례

사례를 통해 앞의 내용을 확인해보자.

> **|자료|**
> · K 씨는 성실신고확인대상 사업자*에 해당함.
>
> > * 매출액이 일정액 이상인 개인사업자의 소득금액에 대해 세무대리인이 검증하는데, 이를 적용받는 사업자를 말한다.
>
> · 그는 현재 업무용 승용차 2대를 운행하고 있음.

Q1. K 씨가 승용차에 대해 비용처리를 하기 위해서는 2대 모두에 대해 업무 전용 자동차보험에 가입해야 하는가?

아니다. 1대를 제외한 나머지 차량에 대해 이 보험에 가입해야 한다. 만일 이러한 의무를 위반하면, 필요경비의 50~100%를 비용으로 인정받지 못한다.

Q2. 만일 K 씨가 자신이 세운 법인에 사업을 양도했다고 하자. 이 경우 법인이 차량비에 대해 비용처리를 하기 위해서는 2대 모두 업무 전용 자동차보험에 가입해야 하는가?

그렇다.

Q3. 업무용 승용차에 대한 운행일지를 작성하지 않으면 개인과 법인의 비용처리 한도가 다른가?

원칙적으로 1,500만 원으로 같다. 다만, 소규모 성실신고확인대상 법인(주업이 임대업 법인 등)은 500만 원으로 비용처리 한도가 축소된다.

[절세 탐구 1]
세법상의 협력 의무 요약

개인사업자와 법인의 세법상 협력 의무를 종합해 비교해보자. 이는 개인 사업자가 법인을 생각할 때 기본적으로 알아둬야 하는 내용에 해당한다.

구분	개인사업자	법인
신용카드/현금영수증 가맹점 가입 의무	2,400만 원 이상(전년도)	좌동
현금영수증 의무발행	해당	좌동
사업용 계좌신고 및 사용 의무	복식부기 의무자	없음.
업무 무관 가지급금 규제	없음.	있음.
사업자카드 등록 의무	없음.	좌동
정규영수증 수취 의무	전년 매출 4,800만 원 이상 시	적용(매출 무관)
영수증 수취명세서 제출 의무		
장부 작성 의무	전년도 매출이 업종별로 일정액* 이상 시 복식장부 (그 미만은 간편장부)	복식장부
무기장가산세	20%	좌동
소규모사업자에 대한 혜택	있음.	없음.****
경비율제도	전년도 매출액이 일정액** 이상 시 기준경비율 (미만은 단순경비율)	조사 시 경비율 적용(법인은 경비율로 법인세를 신고하지 못함)
성실신고확인대상	당해 연도 매출이 업종별로 일정액*** 이상 시	· 부동산 임대업이 주업인 법인 · 성실확인대상 사업자가 법인 전환한 후 3년 이내의 법인
외부감사제도	없음.	있음 (단, 자산, 부채, 매출, 종업원 수 등의 요건 있음).

* 도소매업 등 3억 원, 제조업·음식점업 등 1.5억 원, 서비스업 7,500만 원을 말한다.

** 도소매업 등 6,000만 원, 제조업·음식점업 등 3,600만 원, 서비스업 2,400만 원을 말한다.

*** 도소매업 등 15억 원, 제조업·음식점업 등 7.5억 원, 서비스업 5억 원을 말한다.

*** 다만, 소규모 성실 법인사업자에 대해서는 정기세무조사가 면제될 수 있는데, 매출 3억 원 이하의 법인에 이러한 혜택이 주어진다(국기령 제63조의 5).

법인은 복식부기로 장부를 작성해야 하며, 이들에 대해서는 경비율제도를 적용하지 않는다. 한편 이들도 성실신고확인제도가 적용되는데, 개인과는 다르게 주업이 임대업 등인 법인·개인 성실신고확인사업자에서 법인으로 전환한 지 3년 이내에 있는 법인 등이 이에 해당한다. 법인은 외부감사제도가 적용된다.*

* 이러한 제도들은 모두 회계와 세무의 투명성 제고를 위해 도입된 것이라고 할 수 있다.

성실신고확인제도는 종합소득세나 법인세를 신고할 때 장부기장 내용의 정확성 여부를 세무사 등에게 확인받은 후 신고하게 함으로써 사업자의 성실한 신고를 유도하기 위해 도입되었다. 그런데 이 제도는 개인과 법인에 따라 적용되는 대상 등이 다르다. 다음에서 이에 대해 알아보자.

1. 개인 성실신고

1) 성실신고확인대상 판단

개인에 대한 성실신고확인대상 판단은 업종별 매출액을 사용한다.

업종별	기존수입금액 (해당연도)
1. 농업과 임업, 어업, 광업, 도매업 및 소매업(상품중개업 제외), 부동산 매매업, 아래 2와 3에 해당하지 아니하는 사업	15억 원 이상
2. 제조업, 숙박 및 음식점업, 전기·가스·증기 및 수도사업, 하수·폐기물처리·원료 재생 및 환경복원업, 건설업, 운수업, 출판·영상·방송 통신 및 정보서비스업, 금융 및 보험업, 상품중개업	7.5억 원 이상
3. ① 부동산 임대업, 부동산 관련 서비스업, 임대업(부동산 임대업 제외), 전문·과학 및 기술 서비스업, 사업시설관리 및 사업지원 서비스업, 교육 서비스업, 보건업 및 사회복지 서비스업, 예술·스포츠 및 여가 관련 서비스업, 협회와 단체, 수리 및 기타 개인 서비스업, 가구 내 고용 활동	5억 원 이상

업종별	기존수입금액 (해당연도)
② 위 1, 2에 해당하는 업종을 영위하는 사업자 중 아래에 해당하는 전문직 사업자 ▶ 변호사업, 공인회계사업, 세무사업, 변리사업, 건축사업, 법무사업, 심판변 론인업, 경영지도사업, 기술지도사업, 감정평가사업, 손해사정인업, 통관업, 기술사업, 측량사업, 공인노무사업	5억 원 이상

이 제도는 '해당 연도' 수입금액을 기준으로 적용함에 유의해야 한다. 따라서 신규사업자라도 매출액이 상당하다면 사업 첫해부터 이 제도를 적용받게 된다. 한편 앞의 수입금액에는 사업용 유형고정자산의 처분가액은 산입하지 않는다(장부 작성 판단 시도 동일).

2) 성실신고확인서 제출 기한

다음 해 6월 말일까지 소득세 신고를 할 때 성실신고확인서를 제출해야 한다.

2. 법인 성실신고

1) 성실신고확인대상 판단

법인에 대한 성실신고확인 대상 판단은 개인과는 다른 기준을 사용한다.

적용대상	비고
1. 부동산 임대업을 주된 사업으로 하는 등의 요건(아래)에 해당하는 내국법 인* ❶~❸요건을 모두 갖춘 법인(계속 적용) ❶ 지배주주 등 지분율 50% 초과 ❷ 부동산 임대업이 주된 사업이거나 부동산 임대·이자·배당소득이 매출액의 50% 이상 ❸ 상시근로자 수가 5인 미만	외부감사를 받은 경우는 성실신고확인서 제출 생략 가능

적용대상	비고
2. 성실신고확인대상 사업자**가 현물출자나 사업양수도의 방법으로 법인 전환 시 그 내국법인(법인으로 전환한 후 3년 이내의 내국법인으로 한정한다)	외부감사를 받은 경우는 성실신고확인서 제출 생략 가능

* 이를 소규모 성실신고확인대상 법인이라고 한다.

** 해당 내국법인의 설립일이 속하는 연도 또는 직전 연도에 성실신고확인대상 사업자에 해당하는 경우로 한다.

2) 성실신고확인서 제출 기한

다음 해 4월 말(12월 말 법인의 경우)까지 법인세 신고를 할 때 성실신고확인서를 제출해야 한다.

3. 적용 사례

K 씨는 현재 다음과 같은 사업을 영위하고 있다. 물음에 답해보자.

| 자료 |
· 유통업
· 당해연도 매출 : 20억 원

Q1. 개인 유통업의 경우 매출액이 얼마 이상이면 성실신고확인제도가 적용되는가?

15억 원이다.

Q2. 만일 K 씨가 개인사업을 법인으로 전환하면 법인도 성실신고확인제도를 받는가?

그렇다. 다만, 법인전환 후 3년간만 이를 적용한다. 참고로 이때 법인전환은 사업양수도와 현물출자 방식으로 하는 경우에 한한다. 따라서 자산양수도 방식의 경우에는 이 제도를 적용하지 않는다.

Q3. 만일 업종이 유통업이 아니라 임대업이라고 하자. 이를 법인으로 전환하면 3년간만 성실신고확인제도를 적용받는가?

아니다. 개인 성실신고확인제도를 적용받은 상태에서 법인전환을 하면 3년간은 무조건 이를 적용받으며, 이후에는 부동산 임대업 등 소규모 성실신고확인대상 법인에 해당하면 이를 계속 적용받게 된다.

Tip 개인과 법인의 성실신고확인제도 비교

구분	개인	법인
근거 규정	소득법 제70조의 2	법인법 제60조의 2
확인 내용	사업소득 금액의 적정성을 확인	과세표준금액의 적정성을 확인
적용대상	업종별로 당해연도의 매출액이 일정액 이상일 것	① 소규모 성실신고확인 대상 법인[*] ② 성실신고확인대상 사업자가 현물출자나 사업양수도의 방법을 전환한 법인(전환 후 3년간만 적용)[**]
적용 제외	–	감사인에 의한 감사를 받은 내국법인
성실신고확인 주체	세무대리인	좌동
성실신고확인서의 제출 기한	5월 1일부터 6월 30일까지	각 사업연도의 종료일이 속하는 달의 말일부터 4개월 이내 (12월 말 법인은 4월 30일)
미제출 시 가산세	가산세 : 소득세 산출세액 5%와 수입금액의 1만분의 2 중 큰 금액	가산세 : 법인세 산출세액 5%와 수입금액의 1만분의 2 중 큰 금액
제출 시 세액공제	사용한 비용의 100분의 60(150만 원 한도)	좌동

* 주업이 임대업인 법인은 성실신고확인제도를 적용받을 가능성이 크다.

** 제조업이나 음식점업 등을 영위한 사업자가 성실신고확인제도를 적용받는 상태에서 현물출자 또는 사업양수도 방식으로 법인전환을 하면 법인도 3년간 성실신고확인제도를 적용받는다.

법인법에서는 소규모 성실신고확인대상 법인에 대해서는 다양한 규제를 하고 있다. 이들 법인의 매출 성격이 임대나 이자소득 등으로 구성되어 세법상 불이익을 주고자 하는 취지가 있다. 최근, 이 법인에 대한 규제가 점점 강화되고 있으므로 관련 내용에 대해 주의해야 할 것으로 보인다.

1. 소규모 성실신고확인대상 법인의 요건

다음의 요건을 모두 갖춘 법인을 말한다.

① 지배주주 등 지분율 50% 초과
② 부동산 임대업이 주된 사업이거나 부동산 임대·이자·배당소득이 매출액의 50% 이상
③ 상시근로자 수가 5인 미만

이러한 요건 중 상시근로자 수는 다음과 같이 산정한다.

· **상시근로자는 근로계약을 체결한 내국인 근로자로 한다. 다만, 다음 각호의 어느 하나에 해당하는 근로자는 제외한다.**

1. 해당 법인의 최대 주주 또는 최대출자자와 그와 친족 관계인 근로자
2. 근로소득세를 원천징수한 사실이 확인되지 아니하는 근로자

3. 근로계약 기간이 1년 미만인 근로자. 다만, 근로계약의 연속된 갱신으로 인하여 그 근로계약의 총기간이 1년 이상인 근로자는 제외한다.

4. 근로기준법 제2조 제1항 제8호에 따른 단시간 근로자

· 상시근로자 수의 계산 방법은 조특령 제26조의4 제3항을 준용한다. 이는 다음과 같이 적용하는 방법을 말한다. 이때 100분의 1 미만의 부분은 없는 것으로 한다.

$$\frac{\text{해당 과세연도의 매월 말 현재 상시근로자 수의 합}}{\text{해당 과세연도의 개월 수}}$$

2. 소규모 성실신고확인대상 법인에 대한 불이익

1) 성실신고확인제도 적용

이러한 법인에 대해서는 매년 법인에 대한 성실신고확인제도가 적용된다.

2) 접대비와 업무용 승용차 비용 한도 축소

이러한 법인에 대해서는 다음과 같은 비용 한도규제를 적용한다.

① 접대비 한도 축소

일반 법인의 경우 접대비 기본한도가 연간 3,600만 원이나, 이 법인에 해당하면 이 기본한도가 1/2로 축소된다(만약 이 법인이 2025년부터 중소기업에서 제외되면 기본한도가 1,200만 원의 1/2인 600만 원으로 축소된다).

② 업무용 승용차 비용 한도 축소

· 이 법인에 해당하면 업무용 승용차에 대해 운행기록을 하지 않을 때 적용되는 비용 한도가 500만 원이 된다. 일반 법인의 경우 1,500만 원과 비교하면 1/3 수준이 된다.

· 일반 법인의 차량에 대한 감가상각비나 처분손실 등은 800만 원이 각각 한도에 해당하나, 이 법인은 각각 400만 원으로 한다.

3) 중소기업에서 제외

2025년 이후부터 개인 부동산 임대업과 소규모 성실신고확인대상 법인의 업종은 중소기업 업종에서 제외된다. 이렇게 중소기업 업종에서 제외되면 다음과 같은 불이익이 추가된다.

· **통합 투자 세액공제→중소기업 특례세율 미적용**
· **통합 고용 세액공제→중소기업 특례공제 미적용 등**

4) 법인세율 인상

소규모 성실신고확인대상 법인에 대해서는 2025년부터 법인세율이 인상된다. 물론 확정 여부는 별도로 확인해야 한다. 이 안은 2024년 12월 10일에 국회를 통과했다.

구분	세율
2억 원 이하	9%
2억 원 초과 200억 원 이하	19%
200억 원 초과 3,000억 원 이하	21%
3,000억 원 초과	24%

⇒

구분	세율
200억 원 이하	19%
200억 원 초과 3,000억 원 이하	21%
3,000억 원 초과	24%

3. 적용 사례

사례를 통해 앞의 내용을 확인해보자.

> | 자료 |
> · K 법인은 주업이 임대업을 영위하고 있음.
> · 20×3년 말 상시근로자 수가 4명이었으며 20×4년 7월에 1명을 추가해
>   20×4년 말에 5명을 유지하고 있음.

Q1. 소규모 성실신고확인대상 법인이 되면 어떤 불이익을 받는가?

성실신고확인은 물론이고, 접대비와 차량운행비 등의 한도 제한을 받는다. 이외 중소기업 업종 제외, 법인세율 인상 등의 불이익도 예상된다.

Q2. 이 경우 상시근로자 수가 5명인데, 그래도 소규모 성실신고확인대상 법인에 해당하는가?

그렇다. 중도에 입사한 경우에는 근무 월수로 환산해 이를 계산하기 때문이다. 즉, 사례의 경우 다음과 같이 계산한다.

· **20×3년 말 인원 4명+20×4년 중 증가 인원 1명**×(6개월/12개월)**=4.5명**

Q3. 상시근로자 수에는 가족도 포함하는가?

아니다. 가족과 임원 등은 포함하지 않는다. 앞의 본문 내용을 참조하기를 바란다.

※ 부동산 임대업에 대한 개인과 법인의 규제

구분	개인	법인
중소기업 제외	제외(2025년 예정)	좌동
접대비 기본한도	1,200만 원(2025년)	600만 원(2025년)
운행일지 미작성 시 차량운행비용 인정 한도	1,500만 원	500만 원
통합 투자 세액공제	중소기업 아닌 일반기업 공제율(2025년)	좌동
통합 고용 세액공제	중소기업 아닌 일반기업 공제액(2025년)	좌동
중소기업 특별세액감면	적용 제외	좌동
세율	6~45%	19~24%(2025년)
법인전환 시 양도세 이월과세	적용(단, 주택 임대업* 제외)	–
법인전환 시 취득세 감면	–	적용(단, 부동산 임대업 제외)*

* 주택 임대업을 제외한 일반 부동산 임대업에 대해서는 양도세 이월과세가 적용될 수 있으나, 취득세 감면은 불가능하다(2020년 8월 12일 이후 법인전환분부터 적용). 참고로 개인 부동산 임대업을 법인으로 전환하면 다음과 같은 불이익이 주어질 수 있다. 좀 더 자세한 내용은 부록의 절세 탐구를 참조하기를 바란다.

· 법인전환 시 : 양도세 이월과세는 가능하나, 취득세 감면은 안 된다.

· 소규모 성실신고확인대상 법인에 해당 시 : 성실신고 적용, 접대비와 차량운행비 한도 축소, 중소기업 제외, 법인세 세율 인상 등이 뒤따른다.

3장

법인전환 방법의
선택과 절차

법인전환 방법

개인으로 창업한 후에 사업의 내용이 안정적으로 되면 이익이 많아지는 한편 세무조사 등의 압박이 시작될 수 있다. 그 결과 법인을 모색하게 되는데, 이때 사업자가 법인으로 사업하는 방법은 크게 세 가지[*]로 구분할 수 있다. 다음에서 이를 나열해보고 이 중 어떤 방법을 선택할 것인지 알아보자. 참고로 업종별 법인전환 방법의 선택에 대해서는 부록을 참조하기를 바란다.

* 참고로 두 개의 중소기업을 통합하는 방법(조특법 제31조)도 법인전환 방법에 해당하나 이 책은 하나의 개인사업을 가지고 있는 경우를 가정해 법인전환에 대해 다루고 있다. 이 제도에 대한 간략한 내용은 이 장의 Tip에서 살펴본다.

1. 폐업하고 법인을 설립하는 방법

개인사업을 바로 접고 법인을 신설하는 방법이다. 이 경우, 개인과 법인은 독립적인 관계가 되므로 폐업과 신설은 서로 영향을 미치지 않는다.

▶ 개인 : 별도로 폐업 절차를 밟는다.

▶ 법인 : 법인은 별도로 신설한다(또는 기존법인을 활용할 수도 있다).

☞ 이러한 유형은 주로 자산과 부채가 없는 사업유형에서 안성맞춤이 된다. 대표적으로 인적용역 사업자(즉 프리랜서)가 이에 해당한다. 참고로 이 때 개인이 사용 중인 자산은 법인이 개별 취득할 수도 있다(이를 실무에서는 자산양수도 방식이라고 한다).

2. 개인사업을 법인으로 전환하는 방법

개인사업체에 자산과 부채가 많은 상황이라면 아래 세 가지 중 하나의 방법으로 설립해 법인전환을 도모할 수 있다.

1) 포괄사업양수도 방법

이는 사업 자체를 법인에 돈을 받고 넘기는 것을 말한다. 예를 들어, 음식점업을 영위하면서 시설비와 비품, 영업권 등을 3억 원에 법인에 넘기는 것을 말한다.

▶ **개인 : 별도로 폐업 절차를 밟는다.**
▶ **법인 : 법인은 별도로 신설한다**(또는 기존법인을 활용할 수도 있다).

이러한 방법은 사업용 부동산이 없는 업종에서 비교적 간단한 절차에 따라 시도할 수 있는 유형에 해당한다. 참고로 시설비와 비품, 영업권 등에 대해서는 부가세 10%가 발생하나, 종업원까지 그대로 포괄승계를 하면 부가세를 생략할 수 있다.

2) 세 감면 사업양수도 방법

사업자의 자산에 공장 등 사업용 부동산이 포함된 상태에서 이를 법인에 매각하면 양도세와 취득세가 동시에 발생한다. 이때 조특법에서 요구하는 요건(법인설립 시 개인사업장의 순자산가액 이상의 현금을 자본금으로 출자 등)을 충족하면 취득세를 75%(2025년 50%으로 축소될 예정임. 이하 동일) 감면*하고, 양도세는 나중에 법인이 양도할 때 내도록 하는 제도(이월과세)**가 적용된다.

* 부동산 임대업과 매매업은 이러한 혜택이 주어지지 않는다.

** 주택 임대업은 이러한 혜택이 주어지지 않는다.

▶ 개인 : 별도로 폐업 절차를 밟는다.

▶ 법인 : 법인은 별도로 신설*한다.

* 부동산에 대한 세 감면(양도세 이월과세와 취득세 감면)을 받기 위해서는 반드시 법인을 신설해야 한다. 즉 기존법인을 활용할 수 없다.

☞ 이 방법은 개인이 보유한 공장 등 사업용 부동산을 신설법인에 유상으로 양도할 때 사용할 수 있는 방법에 해당한다. 물론 신설된 법인은 취득자금을 미리 준비하고 있어야 한다.

3) 세 감면 현물출자 방법

이는 사업용 부동산 등을 신설된 법인의 자본금으로 출자하는 것을 말한다. 앞의 사업양수도 방식은 법인으로부터 현금을 받지만, 이 방법은 현물을 자본으로 출자해 주식을 받는다. 조특법은 개인의 순자산가액 이상으로 자본금을 현물출자하면 양도세 이월과세와 취득세 감면의 혜택을 준다.

▶ 개인 : 별도로 폐업 절차를 밟는다.

▶ 법인 : 법인은 별도로 신설*한다.

* 부동산에 대한 세 감면(양도세 이월과세와 취득세 감면)을 받기 위해서는 반드시 법인을 신설해야 한다. 즉 기존법인을 활용할 수 없다.

☞ 이 방법은 법인에 자금이 없는 경우에 개인의 순자산(자산-부채)을 법인의 자본금으로 출자해 개인사업을 이어나가는 방법을 말한다. 사업용 부동산에 대해서는 취득세 감면, 양도세 이월과세의 혜택이 주어진다(단, 부동산 임대업과 매매업 등은 이러한 혜택이 없다. 이는 앞의 사업양수도에서 본 것과 같다).

3. 개인사업을 유지하면서 법인설립

개인사업을 유지하는 한편 동시에 법인을 설립해 운영하는 방법을 말한다.

▶ **개인 : 개인은 그대로 유지한다.**

▶ **법인 : 법인은 별도로 신설한다.**

☞ 이 유형은 앞의 1과 2에 대한 대안에 해당한다. 즉 1과 2는 개인사업을 완전히 폐지하고 법인만을 운영하는 방법인 것에 반해, 이 방법은 개인과 법인을 병행 운영하는 것을 말한다. 이 경우, 개인과 법인의 이점을 동시에 누릴 수 있는 장점이 있다.

Tip 법인전환의 세 가지 유형 요약 비교

앞 2의 법인전환 방법에서 다양한 세무상 쟁점이 발생한다. 따라서 세 가지 유형의 장단점을 명확히 구분하고, 본인에게 맞는 방법을 선택하는 것이 좋을 것으로 보인다. 다음에서 표로 이 부분을 정리해보자.

구분	일반 포괄사업 양수도	세 감면	
		사업양수도	현물출자
개념	사업을 포괄적으로 양수도하는 것	전환 사업장*의 순자산가액 이상을 법인에 현금 출자한 후 사업을 양수도하는 것	법인설립 시 전환 사업장의 순자산가액 이상을 현물로 출자하는 것
자본금 요건**	없음.	있음(전환 사업장의 순자산가액 이상 현금출자).	있음(전환 사업장의 순자산가액 이상 현물출자).
사업주의 발기인 참여 요건	없음.	있음(발기인으로 참여. 주식 인수).	없음(주식 인수).
영업권	발생 가능	좌동	좌동
부가세 발생 여부	×	×	×
양도세 이월과세	×	○	○
취득세 감면	×	○	○
주요 적용대상	재고자산과 사업용 자산(부동산 제외)이 많은 경우	재고자산과 사업용 자산(부동산 포함)이 많고, 신설법인에 취득자금이 있는 경우	재고자산과 사업용 자산(부동산 포함)이 많고, 신설법인에 취득자금이 없는 경우

* 전환 사업장은 전환 대상이 되는 개인사업장을 말한다.

** 개인사업자가 포괄양수도에 의해 법인으로 전환하는 경우 자본금에 대한 별도 규정은 없다. 다만, 조특법 제32조의 법인전환에 대한 양도세 이월과세나 취득세 감면을 받기 위해서는 새로 설립되는 법인의 자본금(사업양수도는 현금, 현물출자는 현물)이 전환 사업장의 순자산가액 이상이 되어야 한다.

중소기업 간의 통합은 중소기업기본법에 따른 중소기업자[*]가 사업장 별로 그 사업에 대한 주된 자산을 모두 승계하여 사업의 동일성이 유지되는 것으로서 다음 각호의 요건을 갖추었을 때 양도세 이월과세와 취득세 감면을 적용하는 제도에 해당한다. 단, 설립 후 1년이 경과되지 아니한 법인이 출자자인 개인(과점주주에 한한다)의 사업을 승계하는 것은 이를 통합으로 보지 아니한다.

> [*] 개인사업자와 법인을 포괄하는 개념이다.

· 통합으로 인하여 소멸하는 사업장의 중소기업자가 통합 후 존속하는 법인 또는 통합으로 인하여 설립되는 법인(통합법인)의 주주 또는 출자자일 것

· 통합으로 인하여 소멸하는 사업장의 중소기업자가 당해 통합으로 인하여 취득하는 주식 또는 지분의 가액이 통합으로 인해 소멸하는 사업장의 순자산가액(통합일 현재의 시가로 평가한 자산의 합계액에서 충당금을 포함한 부채의 합계액을 공제한 금액을 말한다) 이상일 것

☞ 참고로 통합에 따른 세 감면 적용법, 이에 대한 사후관리, 기타 결산 절차 등은 세 감면 양수도 등과 같다.

법인전환 방법의 선택

앞에서 보면 법인전환의 방법은 다양하다. 그렇다면 이 중 어떤 방법을 선택할 것인가?

1. 법인전환 방법의 선택 기준

① 서비스업종→재고자산과 부동산이 없는 서비스업의 경우 폐업 후 법인을 설립하는 방법이 효과적인 방법이 된다.

② 재고업종→재고자산을 보유하는 업종을 법인전환 시 부가세와 소득세 과세 문제가 있다. 이 중 부가세는 포괄양수도의 방법으로 제거할 수 있다. 다만, 재고자산이 많은 경우 재고자산의 수량이나 평가 문제가 중요하므로 이에 관한 관심을 더 두는 것이 좋을 것으로 보인다. 한편 소득세는 재고자산을 장부가로 평가하더라도 큰 문제가 없다.

③ 부동산을 보유한 업종→공장 등 사업용 부동산을 보유한 업종의 경

우 이를 법인에 이전 시에는 부가세와 양도세, 취득세 등이 동시에 발생한다. 따라서 부가세를 없애기 위해서는 포괄양수도로 진행하되, 양도세 이월과세와 취득세 감면을 위해서는 조특법과 지특법에서 정하고 있는 감면 요건을 동시에 갖춰 법인전환을 하도록 한다.

☞ 참고로 부동산을 보유한 업종 중 부동산 임대업은 법인전환을 하더라도 과밀억제권역 내 취득세 중과세뿐만 아니라 정작 중요한 취득세 감면을 받을 수 없고, 성실신고확인제도를 받게 되면 다양한 불이익을 받을 수 있으므로 법인전환 시 신중한 검토가 필요하다(부록 참조).

2. 적용 사례

사례를 통해 앞의 내용을 확인해보자.

> I 자료 I
> · K 씨는 현재 제조업을 영위하고 있음.
> · 이 사업장에서는 재고자산과 부동산이 혼재되어 있음.
> · 자산의 장부가액은 100억 원이며, 이 중 부동산은 10억 원이나 시세는 50억 원가량이 됨.
> · 현재 종업원은 10여 명이 됨.

Q1. K 씨는 제조업을 폐업하고 부동산을 제외한 나머지 자산을 자신이 세운 법인에 양도할 수 있을까?

그렇다. 이러한 방식을 자산양수도 방식이라고 한다.

Q2. K 씨는 영위하고 있는 사업을 통째로 신설법인에 양도하려고 한다. 이 경우 어떻게 해야 부가세 면제와 양도세 이월과세, 취득세 감면을 동시에 받을 수 있을까?

· 부가세 면제를 위해서는 사업의 권리와 의무를 포괄적으로 양도·양수 한다.
· 양도세 이월과세와 취득세 감면을 위해서는 순자산가액 이상의 자본 금을 현금으로 출자해야 한다.

Q3. Q2에서 K 씨는 신설법인에 현물출자를 해도 부가세 면제와 양도세 이월과세, 취득세 감면을 받을 수 있는가?

그렇다. 다만, 이 경우에는 다음과 같은 요건을 충족해야 한다.

· 부가세 면제를 위해서는 사업의 권리와 의무를 포괄적으로 양도·양수 한다.
· 양도세 이월과세와 취득세 감면을 위해서는 순자산가액 이상의 자본 금을 현물로 출자해야 한다.

Q4. Q2와 Q3의 답을 보면 두 방식 모두 동일한 세금 효과가 발생하고 있다. 그렇다면 이 둘의 방식은 어떤 차이가 있는가?

사업양수도는 현금으로 출자하는 것이고, 현물출자는 현물로 출자하는 차이가 있다. 그런데 후자의 경우, 현물출자에 대한 평가 과정과 법원의 확인절차가 있어 시간이 많이 소요되는 한편, 큰 비용이 든다는 단점이 있다.

☞ 이러한 이유로 실무에서는 현물출자 방식이 아닌 사업양수도 방식으로 법인전환을 하는 경우가 대부분이다(단, 이 방법을 선택할 때에는 현금동원 능력이 있어야 한다).

실무상 많이 활용하는
사업양수도와 법인전환

사업자나 실무자 등이 법인전환을 검토할 때 가장 헷갈리는 것 중의 하나가 바로 포괄사업양수도와 세 감면 사업양수도를 구분하는 것이다. 전자는 주로 부가세 면제를 위해, 후자는 양도세 이월과세와 취득세 면제를 위해 사용하는 개념인데, 그 요건이 각기 다르기 때문이다. 다음에서 이에 대해 좀 더 자세히 알아보자.

1. 포괄양수도와 세 감면 사업양수도의 비교

원래 사업양수도는 개인사업체를 법인 등이 돈을 주고 인수하는 것을 말한다. 그런데 세법은 법인전환을 원활히 할 수 있도록 이 과정에서 발생하는 부가세와 양도세, 취득세 등에 대한 세제 혜택을 부여하고 있다. 이 때 등장하는 개념이 바로 포괄양수도 등이다.

1) 포괄(사업)양수도

사업을 양도할 때 부가세 과세대상 자산이 포함된 경우, 부가세가 발생하는데, 이때 부가세법에서 정하고 있는 사업양도에 해당하면 부가세가 면제된다.

☞ 부가세법 제10조 제9항 제2호에서는 재화의 공급으로 보지 않은 사업양도는 '사업장별로 그 사업에 대한 모든 권리와 의무를 포괄적으로 승계시키는 것'을 말한다(부가령 제23조). 실무적으로 이를 포괄사업양수도라고 한다.

2) 세 감면 사업양수도

사업양수도 시 이전되는 자산 중 부동산에 대해서는 양도세와 취득세가 발생하는데, 이때 조특법이나 지특법에서 정하고 있는 '감면요건'을 충족하면 양도세 이월과세와 취득세 감면을 받을 수 있다.

☞ 양도세 이월과세는 조특법 제32조에서, 취득세 감면은 지특법 제57조의 2 제4항에서 규정하고 있다. 실무적 이를 '세 감면 사업양수도(또는 현물출자)'라고 한다.

3) 포괄양수도와 세 감면 사업양수도의 관계

두 제도는 별개의 제도에 해당하며, 부가세 면제가 필요한 경우에는 부가세법상의 포괄양수도 요건을 갖춰야 한다. 한편 부동산에 대한 양도세 이월과세와 취득세 감면이 필요한 경우에는 조특법과 지특법상의 요건을 별도로 충족해야 한다. 이에 대한 자세한 요건들은 뒤에서 자세히 살펴볼 수 있다.

※ 포괄사업양수도 대 세 감면 사업양수도의 비교

구분	포괄사업양수도	세 감면 사업양수도
개념	부가세 면제를 받기 위해 부가세법에서 정한 요건을 충족하는 거래 방식	양도세 이월과세와 취득세 감면을 받기 위해 조특법과 지특법상 감면요건을 충족하는 거래 방식
요건	사업에 대한 모든 권리와 의무를 포괄적으로 승계	사업자의 순자산가액 이상으로 현금 출자해 법인설립을 하고 3개월 이내에 사업양도
혜택	재화의 공급에서 제외(부가세 과세 제외)	양도세 이월과세*, 취득세 감면**

* 단, 주택 임대업은 이월과세 제외

** 단, 부동산 임대업 전체와 매매업은 취득세 감면 불허

2. 적용 사례

사례를 통해 앞의 내용을 확인해보자.

| 자료 |

구분	장부가	시가
① 재고자산	10억 원	15억 원
② 공장 건물	2억 원	20억 원
③ 기계장치	5억 원	5억 원
④ 비품	1억 원	1억 원
⑤ 특허권, 영업권	1억 원	5억 원

Q1. 사업양수도 시 부가세가 발생하는 자산은?

앞의 ①~⑤까지의 모든 자산에 대해 부가세가 발생한다.

Q2. 사업양수도 시 양도세와 취득세가 동시에 발생하는 자산은?

공장 건물에 대해서는 양도세와 취득세가 발생한다. 영업권은 기타소득 또는 양도소득으로 과세될 수 있다.

Q3. 사업양수도 시 부가세를 없애기 위한 요건은?

부가세법에서 정하고 있는 포괄양수도의 요건을 충족하면 된다. 즉, 사업에 대한 모든 권리와 의무가 그대로 이전되면 된다.

Q4. 양도세 이월과세와 취득세 감면을 받기 위한 요건은?

해당 사업을 영위하던 자가 발기인이 되어 전환하는 사업장의 순자산가액 이상을 출자해 법인을 설립하고, 그 법인설립일부터 3개월 이내에 해당 법인에 사업에 대한 모든 권리와 의무를 포괄적으로 양도해야 한다.

Q5. 만일 ②의 공장 건물이 없다면 포괄양수도 요건만 갖추면 될까?

그렇다. 부동산이 없으면 조특법상에서 규정하고 있는 세 감면요건을 살펴볼 필요가 없다.

Tip 보유자산 형태별 포괄사업양수도 요건과 세 감면 사업양수도 요건 충족 필요 여부

구분	포괄사업양수도 요건 충족 필요 여부	세 감면 사업양수도 요건 충족 필요 여부
재고자산만 보유 시	필요함.	필요 없음.
부동산만 보유 시	필요함.	필요함.
기타 유형자산(비품 등)만 보유 시	필요함.	필요 없음.
무형자산(영업권 등)만 보유 시	필요함.	필요 없음.
재고자산과 부동산을 동시에 보유 시	필요함.	필요함.
재고자산과 부동산 모두를 보유하지 않는 경우	필요 없음.	필요 없음.

사업양수도의
법인전환 절차

일반적으로 법인전환은 포괄사업양수도 방식으로 진행되는 경우가 많다. 부가세 면제를 받기 위해서이다. 그런데 전환 사업장(개인사업자의 사업장)에 사업용 부동산이 있는 경우에는 법인설립 시 개인사업체의 순자산가액 이상을 자본금으로 해서 현금을 조달해야 하며, 법인전환일로부터 3개월 이내에 사업양수도가 되어야 양도세 이월과세와 취득세 감면을 받을 수 있게 된다. 다음에서 사업양수도의 법인전환 절차에 대해 정리해보자.

1. 사업양수도의 법인전환 절차

개인	법인
▶ 결산(법인전환일 기준) · 법인전환일 1~2개월 이전 가결산을 통해 재무제표 작성 · 법인전환일 기준 재무제표 작성 ※ 전환일은 개인사업 폐업일이자 법인설립일임.	

▼

▶ 순자산가액 확인(중요)* · 부동산은 감정평가(선택)** · 그 외 자산은 장부가액*** ▶ 영업권 검토 · 외부감정기관 또는 상증법상 평가 적용	▶ 법인설립 · 개인사업체의 순자산가액 이상 현금으로 자본금 조달 · 사업자가 발기인(주주)으로 참여하고 주식 교부받음. · 사업자가 대표이사가 될 필요는 없음. ▶ 사업자등록신청

▼

▶ 사업양수도계약 · 법인설립일로부터 3개월 이내 체결	▶ 사업양수도에 따른 대금 지급(법인설립 후 3개월 이내) ※ 모든 권리·의무가 이전되어야 하므로 이에 대한 확인절차가 중요함. 사업양수도는 주총 특별결의와 이사회 승인 사항

▼

▶ 폐업 신고와 부가세 신고 · 폐업 신고는 바로 또는 부가세 신고와 함께 하는 경우가 많음. · 폐업일의 말일로부터 25일 이내에 부가세 신고	▶ 재산 명의이전 및 취득세 감면신청(취득일 ~60일)

▼

▶ 양도세 이월과세신청 · 양수도 일이 속하는 달의 말일부터 2개월 이내 · 포괄양수도계약서, 이월과세 적용신청서 등 제출	

▼

▶ 종합소득세 신고	▶ 법인세 신고

* 사업양수도나 현물출자에 의한 방식으로 법인전환 시 순자산가액의 확인이 중요하다.

** 사업양수도에 따른 법인전환의 경우 원활한 취득세 감면 등을 위해 감정평가를 받아 절차를 진행하는 경우가 많다.

*** 과세관청은 시가로 과세하는 원칙을 견지하고 있지만, 재고자산이나 유형자산 등은 실무상 장부가로 하는 경우가 많다. 이에 대한 자세한 내용은 이 장의 절세 탐구를 참조하자.

위의 내용에서 핵심적인 것만 간략하게 살펴보자.

첫째, 법인전환일의 결정이 중요하다.

법인전환일은 개인사업자가 폐업하는 동시에 신설된 법인으로 사업을 시작하는 날이 된다. 법인전환은 사업연도 중이나 사업연도 말 등 아무 때나 해도 된다. 다만, 이의 결정 시에는 다음과 같은 요소를 고려하는 것이 좋다.

· 전환절차를 간소화하려면 12월 31일을 기준으로 한다.

· 개인 성실신고확인제도가 적용되기 전에 법인전환을 하면 전환법인에 대해서 성실신고를 적용받지 않는다.

· 법인전환일이 속한 연도에 이익이 급증한 경우, 12월 31일에 맞추면 영업권 평가액이 높게 나온다. 따라서 이를 낮추고 싶다면 법인전환일을 사업연도 중으로 한다.

· 전년도 매출액이 10억 원 이하면 신용카드발행 세액공제를 1,000만 원 한도까지 받을 수 있다. 따라서 이에 해당하는 업종은 법인전환 시에 이 부분을 고려해야 한다.

둘째, 순자산가액의 파악이 중요하다.

법인전환의 시작은 개인사업장(전환 사업장)의 순자산가액부터 파악하는 것이다. 이를 통해 법인전환의 방법, 세 감면을 위해 출자해야 할 자본금 등이 결정되기 때문이다.

☞ 순자산가액 파악 시 재고자산과 부동산, 그리고 영업권에 대한 평가를 어떻게 할 것인지 이에 관해 관심을 둬야 한다.

셋째, 영업권의 파악이다.

이익이 많이 나는 사업을 양수도하거나 현물출자를 할 때는 영업권에 대해 검토를 해야 한다. 이를 누락하면 소득세 추징 문제가 발생하기 때문이다.

넷째, 포괄양수도계약서 작성이다.

부가세 면제를 받기 위해서는 사업에 대한 권리와 의무가 세법에 맞게 이전되어야 한다. 실무에서 보면 이와 관련해 다양한 쟁점이 발생하므로 주의해야 한다.

☞ 포괄양수도계약서에 서명하기 전에 이러한 내용을 최종적으로 확인하는 것이 좋다.

다섯째, 신설법인의 주주 구성이다.

신설법인의 주주를 어떤 식으로 구성할 것인지는 법인 운영구조에 많은 영향을 준다.

· 포괄양수도의 경우→이 경우에는 주주 구성에 제한이 없다. 즉 개인사업자 외에 자녀 등을 포함할 수 있다.
· 세 감면 양수도의 경우→ 이 경우에는 주주 구성에 제한이 있다. 즉 이 경우 사업자가 신설법인의 발기인*으로 참여하는 한편, 순자산가액 이상의 현금을 본인이 납입해야 한다. 따라서 이 경우 사업자의 지분율이 높아지게 된다. 만일 자녀가 주주에 편입되기 위해서는 자녀가 순자산가액 외에 추가로 출자를 해야 한다.

* 창립멤버로 회사 설립을 기획하고 추진하는 역할을 맡은 사람들을 말한다.

2. 적용 사례

사례를 통해 앞의 내용을 확인해보자.

| 자료 |

구분	항목	장부가	평가액	평가 기준
자산	재고자산	1억 원	1억 원	장부가
	비품	1억 원	1억 원	장부가
	건물과 토지	5억 원	7억 원	상증법상 평가액(기준시가)
	계	7억 원	9억 원	
부채	외상매입금	1억 원	1억 원	장부가
	미지급금	5,000만 원	5,000만 원	장부가
	은행대출금	1억 원	1억 원	장부가
	계	2억 5,000만 원	2억 5,000만 원	
자본	순자산	4억 5,000만 원	6억 5,000만 원	

Q1. 사례의 세법상 순자산가액은 얼마인가?

세법은 원칙적으로 시가*를 기준으로 순자산가액을 계산하도록 하고 있다. 따라서 이 경우 6억 5,000만 원이 된다.

* 여기서 시가는 시장에서 판매되는 가격을 의미하나, 사업양수도에 따른 가격은 이러한 가격을 사용하기가 힘들다. 그 이유는 뒤에서 별도로 정리한다.

Q2. 건물과 토지의 경우 장부가액이 아닌 기준시가로 평가했다. 어떤 규정에 근거한 것인가?

사업양수도는 법원의 검사가 없으므로 세법에서 정한 방법대로 부동산을 평가하면 된다. 사례의 경우 장부가는 5억 원이나 이는 시가에 해당하지 않는다. 따라서 세법상의 시가를 산정해야 하는데, 이 경우 매매사례가액이나 감정평가액이 없다면 최종 기준시가가 시가의 역할을 하게 된다. 아래의 기본통칙과 해석 등을 참조하기를 바란다.

※ 조특법 기본통칙 32-29…2 [법인전환 시 순자산가액 요건]

① 사업장의 순자산가액을 계산함에 있어서 영업권은 포함하지 아니한다.

② 영 제28조 제1항 및 제29조 제5항의 순자산가액을 계산함에 있어서 '시가'라 함은 불특정다수인 사이에 자유로이 거래가 이루어지는 경우에 통상 성립된다고 인정되는 가액을 말하며, 수용 공매가격 및 감정가액 등 상증령 제49조*의 규정에 따라 시가로 인정되는 것을 포함한다.

* 유사매매사례 가액 등을 말한다.

참고로 상증령 제49조 규정에 따라서도 시가를 알 수 없는 경우에는 아래 순서에 따라 시가를 산정한다(부동산 거래관리과-0838, 2011.10.05).

> · 법인령 제89조 제1항에 해당하는 가격→같은 조 제2항 제1호의 감정가액→ 상증법 제61조 내지 제64조*의 규정을 준용해서 평가한 가액
>
>   * 부동산의 경우 기준시가로 평가하는 것을 말한다(상증법 제61조). 한편 유형자산과 상품 등은 '재취득가액→장부가액' 순으로 파악한다(상증법 제62조).

Q3. Q2처럼 평가해서 취득세 감면신청을 하면 그냥 통과될 것인가?

아닐 수 있다. 관할 지자체에서는 취득세 신고·납부기한으로부터 6개월

이내에 그들이 받은 감정평가액을 기준으로 취득세 과세표준을 경정할 수 있기 때문이다(물론 지방세심의위원회의 심의를 통과해야 한다). 따라서 현실적으로 기준시가로 평가해 취득세 신고를 하기가 상당히 힘든 구조로 되어 있다.*

* 이에 따라 실무적으로 감정평가를 하는 경우가 대부분이다.

Q4. 앞의 사업을 법인에 양수도할 때 영업권을 어떤 식으로 계산할까?

외부의 평가기관을 통해 감정을 받거나 최근 3년간의 이익을 가지고 세법에서 정한 식을 통해 계산해야 한다. 자세한 것은 5장을 참조하기를 바란다.

Q5. 앞의 사업을 법인에 양수도할 때 부가세는 얼마나 예상하는가? 단, 앞의 사업자는 일반과세자에게 해당하며, 건물과 토지의 가액은 기준시가를 적용하기로 한다.

항목	평가액	부가세율	부가세
재고자산	1억 원	10%	1,000만 원
비품	1억 원	10%	1,000만 원
건물과 토지	7억 원 (건물 2억 원)	건물 : 10% 토지 : 면세*	2,000만 원
계	9억 원		4,000만 원

* 토지의 공급에 대해서는 부가세가 면제되며, 이때 전체 평가액 7억 원을 건물의 기준시가와 토지의 공시지가의 비율로 나눠 공급가액을 계산하는 것이 원칙이다. 사례의 경우에는 건물 가액을 2억 원으로 보고 이에 대해 부가세를 계산했다.

Q6. 앞의 자료에서 미지급금은 제외하고 사업을 양도·양수하고자 한다. 이 경우, 부가세 면제와 양도세 이월과세, 취득세 감면에는 어떤 영향

을 주는가?

· 부가세 면제→사업에 관련이 없는 미수금이나 미지급금, 업무 무관 부동산은 제외하고 사업을 양도·양수해도 포괄양수도로 인정한다.

· 양도세 이월과세, 취득세 감면→순자산가액 이상으로 자본금을 출자하면 문제가 없다. 즉 미지급금을 제외하면 순자산가액이 늘어나고 이에 맞춰 자본금을 납입하면 된다.

Q6. 앞의 사업자는 양도세 이월과세와 취득세 감면을 위해 세 감면 포괄양수도로 법인전환을 하고자 한다. 이 사업자는 신설법인의 주주가 되어야 하는가?

그렇다. 설립 시 반드시 발기인으로 참여해야 하며, 출자한 순자산가액에 해당하는 주식을 교부받아야 한다.

☞ 법인설립에 대한 자세한 내용은 7장에서 살펴본다.

법인전환의 방법에는 크게 사업양수도와 현물출자가 있다. 물론 이 중 사업양수도 방식으로 법인전환을 하는 경우가 많다. 다음에서는 실력을 키우는 관점에서 이 둘을 비교해보자.

1. 사업양수도

1) 개념

사업양수도는 사업체를 상품처럼 사고파는 것을 말한다. 이를 통해 양도자는 유상으로 사업을 넘기고, 양수자는 그 사업을 돈을 주고 인수해 이를 운영하게 된다. 그런데 법인전환의 관점에서 중요한 것은 사업 전후의 사업의 동질성이 유지되어야 한다는 것이다.

2) 사업양수도의 특징

· **사업의 동일성 유지** : 양수도 후에도 사업의 동일성을 유지해야 한다. 예를 들어, 상호, 장소, 인적 구성 등 주요 요소들이 유지되는 경우가 많다.

· **일괄 양도** : 사업과 관련된 **자산**(기계, 장비, 재고 등)**뿐만 아니라, 부채, 계약, 고용 관계 등도 함께 이전되는 것이 원칙이다. 단순한 개별자산의 매각과는 차이가 나는 부분이다.**

3) 사업양수도 시 발생하는 세금 문제

· 사업을 양도할 때 **자산에 부가세 과세대상 자산**(기계, 비품, 부동산 등)이 포함된 경우 부가세가 발생한다.

· 사업을 양도할 때 **자산에 부동산이 포함된 경우 양도세가 발생**하며, 취득자는 취득세가 발생한다.

· 사업을 양도하면서 발생하는 부동산 외 자산의 시가와 장부가액의 차익에 대해서는 종합소득세가 발생한다.

· 영업권을 누락한 경우에는 소득세 추징과 법인주주에 대한 증여세 문제가 발생할 수 있다.

2. 현물출자

1) 개념

현물출자는 현금이 아닌 자산을 출자해 회사에 자본을 제공하는 것을 말한다. 이 과정에서 출자자는 자본출자의 대가로 주식을 취득한다. 참고로 회사에 출자할 때는 현금을 사용하는 것이 일반적이지만, 현물출자에서는 부동산, 기계, 특허권, 주식 등과 같은 비현금 자산을 출자하게 된다.

2) 현물출자의 특징

· **현물출자의 장단점** : 회사 설립 시나 자본금을 증자할 때 현금이 아닌 다양한 형태의 자산을 회사에 기여할 수 있다는 장점이 있다. 다만, 현물출자는 그 특성상 여러 법적, 회계적 절차가 필요하다.

· **현물출자의 성격** : 현물출자의 대가로 주식을 받으므로 세법은 이를 재화의 공급이나 양도로 본다.

3) 현물출자 시 발생하는 세금 문제

· 현물출자도 재화의 공급에 해당하므로 앞의 양수도처럼 자산에 부가세 과세대상 자산(기계, 비품, 부동산 등)이 포함된 경우 부가세가 발생한다.

· 현물로 출자한 자산에 부동산이 포함된 경우 양도세가 발생하며, 취득자는 취득세가 발생한다.

· 현물출자를 하면서 이전하는 부동산 외 자산의 시가와 장부가액의 차익에 대해서는 종합소득세가 발생한다.

· 영업권을 누락한 경우에는 소득세 추징과 법인주주에 대한 증여세 문제가 발생할 수 있다.

Tip 사업양수도와 현물출자의 비교 요약

| 구분 | 부가세
면제 관련 | 양도세 이월과세, 취득세 감면 관련 | |
	포괄사업 양수도	세 감면 사업양수도	세 감면 현물출자
개념	사업장별로 사업을 포괄양수도	법인설립 후 사업용 고정자산 포괄양수도	사업용 고정자산을 현물로 출자해 법인설립 후, 출자 대가로 주식 취득
요건	사업에 관한 권리와 의무를 포괄적으로 양수도할 것	· 소비성 서비스업 아닐 것 · 개인사업장 순자산가액 이상 자본금을 현금 출자 · 법인설립 후 3개월 이내 포괄양수도	· 소비성 서비스업이 아닐 것 · 전환 사업장 순자산가액 이상의 자본금을 포괄적으로 현물출자

부가세 발생	×	×	×
양도세 이월과세	×	○	○
취득세 75% (2025년 50%) 감면	×	○	○
미공제세액 남은 기간 감면 승계	○	○	○
이월결손금 승계	×	×	×
장점	절차가 비교적 간단	· 양도세 이월과세와 취득세 감면 · 현물출자보다 절차 간단 및 비용 저렴	· 양도세 이월과세와 취득세 감면 · 법인 인수자금이 없어도 됨.
단점	양도세와 취득세가 과세됨.	· 법인 인수자금이 있어야 함. · 순자산가액 요건 등 미충족 시 양도세 추징 등	· 절차 복잡 및 비용 및 시간 과다 소요 · 순자산가액 요건 등 미충족 시 양도세 추징 등
적용대상	사업용 부동산 없고 재고자산과 비품 정도가 있는 경우	사업용 부동산이 있고 법인에 인수자금이 있는 경우	사업용 부동산이 있고 법인에 인수자금이 없는 경우
소요기간	1~2개월(기존법인 1개월 이내)	1~3개월	3~6개월 (유한회사 1개월 이내)
자산 감정평가 여부	안 해도 됨.	좌동(부동산은 감정평가를 하는 경우가 많음)	하는 것이 원칙 (법원이 개입)
이사회와 주총 결의	필요함(상법 제374조 등).	좌동	필요함(상법 제290조 등).
소요비용	결산, 신고, 법인설립 수수료 등	좌동(감정평가수수료 발생 가능)	좌동+감정평가수수료

실행절차	1. 결산(순자산 가액 확인) 2. 법인설립 3. 양수도계약 체결 4. 양수도대금 수수 5. 폐업 신고 6. 자산과 부채 명의 이전	1. 결산(순자산가액 확인)* 2. 법인설립 3. 양수도계약 체결 4. 양수도대금 수수 5. 폐업 신고 6. 자산과 부채 명의 이전** 7. 양도세 신고 등	1. 결산(순자산가액 확인)* 2. 현물출자계약 체결 3. 자산의 감정 및 감사 4. 현물출자 및 법원의 조사 5. 법인설립등기(법원의 조사 등)와 주식교부 6. 폐업 신고 7. 자산과 부채 명의 이전 8. 양도세 신고 등

* 개인사업장의 순자산가액 이상으로 현금을 출자해야 하므로 개인사업장의 결산이 먼저 진행되어야 한다. 결산은 당해 연도의 1월 1일부터 법인전환 기준일까지로 하며, 이때의 금액을 기준으로 순자산가액 등이 결정되는 한편 사업소득이 결정된다.

** 세 감면 사업양수도는 법인설립일로부터 3개월 이내에 자산이 이전되어야 한다.

*** 세 감면 현물출자의 경우 감정평가를 받는 것이 원칙이다.

※ 사업양수도와 현물출자의 소요시간 등 비교

구분		조세 지원	검사인의 조사	소유권 이전 시 국민 채권 매입의무	소요시간
사업양수도	일반	×	×	○	단기
	세 감면	○	×	○	단기
현물출자	일반	×	○	○	장기
	세 감면	○	○	×*	장기

* 조특법 제32조의 현물출자에 의한 세 감면요건을 충족한 법인전환의 경우 국민주택채권구입의무가 면제된다(주택도시기금법 시행규칙 제6조 제1항 별표1). 다만, 이 채권을 중소기업기본법에 따른 중소기업을 경영하는 자가 해당 사업에 1년 이상 사용한 사업용 자산을 현물로 출자해 설립한 법인(자본금이 종전 사업자의 1년간 평균 순자산가액 이상인 경우로 한정한다)의 설립에 따른 등기에 해당해야 한다.

법인전환의 절차 중 가장 중요한 것 중의 하나가 바로 부동산을 비롯해 보유한 자산에 대해 감정평가의 여부다. 알다시피 감정평가를 하면 이에 대한 비용이 발생하기 때문이다. 물론 감정평가를 받으면 세무상 쟁점이 많이 해소되는 장점도 있다. 따라서 사전에 감정평가를 어떤 식으로 받고 활용할 수 있는지 등을 검토하는 것이 좋을 것으로 보인다. 다음에서 이에 대해 좀 더 구체적으로 알아보자.

1. 법인전환의 방법과 감정평가 여부

법인전환 방법은 크게 세 가지 유형이 있음을 알았다. 이 경우 감정평가를 의무적으로 받아야 하는지 아닌지를 정리하면 다음과 같다.

구분	부동산	부동산 외의 자산	영업권
자산양수도, 사업양수도	선택(과세관청과 조세 마찰을 줄이기 위해 감정평가를 받는 경우가 많음)	선택(통상 장부가[*])	감정평가 또는 상증법상 평가
현물출자	의무(법원의 검사가 있기 때문임)		

[*] 비품 등 유형자산은 시가를 알 수 없으므로 대부분 장부가로 진행한다. 재고자산도 폐업일 또는 법인전환일 당시의 시가라는 것이 불분명하므로 실무적으로 장부가로 처리하는 경우가 대부분이다.

☞ 부동산을 현물로 출자할 때는 반드시 감정평가를 받아 진행한다. 그렇다면 자산양수도와 사업양수도의 경우, 반드시 감정평가를 받아야 할까? 일단 개인사업자와 법인은 특수관계에 해당한다. 따라서 시가와 기준시가(시가표준액)의 차이가 큰 경우에는 지방세법 시행규칙 제4조의 3 제2항에 따라 지자체장이 다음과 같이 감정평가 등을 받아 지방세심의위원회에 시가 인정액에 대해 심의요청할 수가 있다.

1. 취득일 전 2년 이내의 기간 중 평가기간(취득일 전 6개월~취득일 후 3개월)에 해당하지 않는 기간의 매매, 감정, 경매 또는 공매의 가액에 대해 심의요청

2. 평가기간이 지난 후로서 취득세 신고·납부기한의 만료일부터 6개월 이내의 기간 중의 매매 등의 가액에 대해 심의요청

☞ 따라서 자산양수도나 사업양수도 시 부동산은 감정평가를 받는 것이 안전할 것으로 보인다.

2. 주식회사와 유한회사의 현물출자 시의 비교

현물출자로 법인전환 시 감정평가가 필요한지 아닌지를 주식회사와 유한회사로 구분해서 살펴보면 다음과 같다.

※ 주식회사와 유한회사의 현물출자에 관한 규정 비교

구분	주식회사	유한회사
현물출자 시 감정평가 의무	원칙적으로 감정평가 필요	감정평가 의무 없음.
관련 법 조항	상법 제299조, 제299조의 2	상법 제607조
감정평가 생략 가능 조건	· 자본금 총액의 10% 이하, 5,000만 원 이하 현물출자* · 출자 자산(유가증권 등)가치 명백 인정 시	해당 사항 없음.
감정평가 방법	법원의 허가를 받은 감정인의 감정평가	없음.
설립 시 기재 사항	정관에 현물출자 내용을 기재하고, 감정평가를 통한 자산 가액을 인정	정관에 현물출자 내용을 기재하고, 합의된 가액을 자본금으로 인정

* 부동산의 경우 대부분 감정평가를 받아야 한다.

☞ 유한회사의 현물출자에 대해서는 감정평가 의무가 없다. 하지만 이 경우 감정평가 없이 기준시가(시가표준액)로 평가한 경우 취득세 감면을 불허할 수가 있다. 따라서 이 경우에도 감정평가를 통해 취득가액을 확정하는 것이 좋을 것으로 보인다.

[절세 탐구 3]
법인전환 시 재고자산은 장부가로 평가하는 것이 타당한 이유

사업양수도 등의 방법으로 법인전환을 하는 경우, 재고자산에 대한 평가를 두고 혼란이 가중되고 있다. 실무에서는 장부가를 기준으로 평가하는 경우가 많은데, 과세관청은 시가 과세원칙을 공언하고 있기 때문이다. 다음에서 사업양수도에 따른 법인전환 시 재고자산의 평가와 관련된 내용을 사례를 통해 정리해보자.

1. 사례

K 씨는 유통업을 영위하고 있다. 다음 자료를 보고 물음에 답해보자.

| 자료 |
· 상품재고 : 10억 원(장부가)
· 위 상품을 공급하는 거래처는 50여 개에 이르고 있음.
· 상품재고에 대한 마진율은 평균 50% 정도됨.
· K 씨는 상품을 자신의 건물에 보유하고 있음. 해당 건물은 사업용 고정자산으로 등재 중임.

Q1. K 씨가 상품재고에 대한 부가세를 없애기 위해서는 어떻게 해야 하는가?

부가가치세법 제10조 제9항 제2호에 따른 포괄양수도 방식으로 사업을 양수도하면 된다.

Q2. 사업용 건물에 대한 양도소득세 이월과세와 신설법인의 취득세 감면을 위해서는 어떻게 해야 하는가?

조특법 제32조에서 규정한 대로 전환 사업장의 순자산가액 이상 자본금을 현금으로 출자하고, 법인전환일로부터 3개월 이내에 사업양수도를 해야 한다.

Q3. K 씨는 법인전환일(=폐업일)에 맞춰 소득세를 계산해보고 있다. 이때 법인에 이전되는 재고자산의 매출과 원가는 얼마로 해야 할까?

현행 소득세법 등은 법인전환일 당시의 시가(판매가격)를 원칙으로 하나, 시가가 불분명하면 장부가액으로 할 수 있도록 하고 있다.

· **시가를 기준으로 하면 대략 5억 원의 판매이익이 발생한다.**
· **장부가를 기준으로 하면 판매이익은 0원이 된다.**

Q4. K 씨와 전환법인 간 포괄양수도계약을 맺을 때 재고자산에 대한 평가를 장부가액으로 했다. 이 부분이 문제가 될까?

아니다. 전환법인은 K 씨가 아닌 다른 거래처로부터 상품을 구입하면 장부가 수준에서 매입할 수 있기 때문이다. 따라서 과세관청이 제시하는 시가 과세원칙은 이 부분에 적용하는 것은 문제가 있어 보인다(법인전환 시 재고자산을 장부가액으로 양도한 경우 부당행위계산 여부, 소득 46011-1688, 1997.06.23 등 참조).

2. 법인전환 시 재고자산은 장부가로 평가하는 것이 타당한 이유

앞의 납품가 10억 원(시중가 15억 원 상당액)을 보유한 K 씨가 사업양수도의 방법으로 조특법 제32조에 따른 법인전환을 하는 경우를 예로 들어 이에 대해 알아보자.

· 사례에서 개인과 법인은 포괄양수도계약을 체결하게 되며, 이때 자산의 평가 방법을 정하게 되는데, 전환법인으로서는 장부가로 하는 것이 시장원리에 맞다. 다른 곳에서도 10억 원에 구입할 수 있는 것을 시중가 15억 원에 구입할 이유가 전혀 없기 때문이다. 만일 시중가 15억 원으로 양수한다고 한다면, 이는 법인주주에 대한 이익을 해치게 되며 배임 등의 소지가 있다. 이러한 이유로 현행 상법은 중요한 사업양수의 경우 주총 특별결의와 이사회 결의를 거치도록 하고 있다.

· 이러함에도 불구하고 지금까지 과세관청은 장부가로 신고하는 경우 소득세법 제41조의 부당행위계산규정을 하며, 순자산가액에 미달하게 자본을 출자하면 조특법 제32조에 따른 양도세 이월과세도 받을 수 없다고 해석해오고 있다.

※ 법인전환 시 재고자산을 장부가액으로 양도한 경우 부당행위계산 여부(소득 46011-1688, 1997.06.23)

도매업을 영위하는 개인사업자가 사업양수도 방법에 따라 법인전환 하는 경우 양수도 자산에 포함된 재고자산의 시가상당액은 당해 사업을 양도하는 때에 총수입금액에 산입하는 것이며, 당해 개인사업자가 특수관계에 있는 법인에 재고자산을 시가보다 낮은 가액으로 양도하는 경우에는 소득법 제41조 및 같은 법 시행령 제98조의 규정에 따라 부당행위계산의 대상이 됨.

※ 법인전환에 대한 양도세 이월과세 적용 시 순자산가액 시가평가 방법(부동산 거래관리과-0838, 2011.10.05)

조특법 제32조에 따른 법인전환에 대한 양도세의 이월과세 적용 시 순자산가액의 시가는 법인세법 시행령 제89조 제1항에 해당하는 가격, 같은 조 제2항 제1호의 감정가액, 상증법 제61조 또는 제64조*의 규정을 준준용해 평가한 가액의 순서대로 적용하는 것임.

* 부동산은 기준시가, 유형자산과 상품 등은 장부가 등을 말한다.

※ 소득법 집행기준 24-51-8 [폐업 등의 경우 재고자산의 총수입금액 계산]

1. 사업장을 사업양수도 방법에 따라 법인으로 전환하거나 타인에게 일괄 양도하는 경우 양도자산에 포함된 재고자산은 사업양수도계약 체결일 현재 해당 거주자와 특수관계 없는 자와의 정상적인 거래에서 형성되는 가액을 총수입금액에 산입한다.

· 이러한 해석에 따라 15억 원인 시가에 맞춰 과세하게 되면 다음과 같은 문제점이 파생된다.

1. 시가 15억 원과 장부가 10억 원의 차액(미실현이익 성격)에 대해 소득세가 과대 발생함.
2. 해석을 기초로 15억 원에 전환법인이 매입해 15억 원에 판매하는 경우 매출이익이 발생하지 않음(법인으로 전환할 이유가 없어짐).
3. 법인으로서는 다른 거래처를 통해 15억 원이 아닌 10억 원에 구입할 수도 있음에도 불구하고 15억 원에 구입하는 것이기 때문에 법인세법 제52조에 따른 부당행위계산이 적용될 수 있음.
4. 조특법 제32조에서 규정한 순자산가액 이상에 대한 자본출자 미달로

양도세 이월과세와 지특법 제57조의 2 제4항에 따른 취득세 감면이 박탈될 수 있음.

5. 이외 시가 과세 문제를 피하고자 반품을 하는 경우 사실과 다른 세금계산서로 볼 가능성도 있음.

· 따라서 이러한 문제점을 한꺼번에 없애는 방법은 사업양수도 시 재고자산은 장부가로 평가하는 것이다. 이는 법인전환의 관점에서 보면 그 이유가 명확해진다. 법인전환에 임하는 개인사업자가 사업을 양도하는 이유는 이를 통해 이윤을 창출하는 것이 아닌, 사업의 동질성을 유지한 채 사업체계를 바꾸는 것이기 때문이다. 이렇게 본다면, 사업양수도에 의한 법인전환에서 사업양수도는 법인전환의 한 방식에 불과하다는 것을 알 수 있다. 알다시피 법인전환의 방법에는 사업양수도, 현물출자, 중소기업 통합 같은 제도가 있는데, 앞의 사례는 이 중 사업양수도 방식을 선택한 것에 지나지 않기 때문이다. 결국, 이러한 원리에 따라 법인전환 시 재고자산을 장부가로 신고해도 소득세법상 제41조에 따른 부당행위계산규정을 사실상 적용하기가 힘들 것으로 보인다.

· 이처럼 재고자산에 대한 시가 문제가 해결되면 조특법 제32조에서 규정하고 있는 순자산가액 문제도 일단 해결될 가능성이 크다.[*]

[*] 물론 부동산에 대한 시가 문제가 더 중요할 수 있다.

법인전환 시 개인사업자와 법인과 관련해 발생할 수 있는 세무상 쟁점을 총정리해보자.

1. 개인사업자의 관점

개인사업자가 법인으로 전환할 때는 다양한 세무상 쟁점이 발생할 수 있다. 이러한 문제를 파악하지 않고 법인으로 전환하다가는 손해를 볼 수 있으므로 이에 주의해야 한다. 부가세와 종합소득세, 양도세 관점에서 이를 확인해보자.

1) 부가세

부가세는 재화와 용역의 공급가액에 대해 10%(일반과세자)의 세율로 부과되는 간접세에 해당한다. 이때 사업자가 법인을 설립할 때 발생하기 쉬운 부가세 문제를 정리하면 다음과 같다.

· **개인이 소유한 부가세 과세대상 자산*을 법인에 양도**(현물출자 포함)**할 때 부가세가 발생하는 것이 원칙이다.**

* 상품, 제품, 기계장치, 차량 운반구, 비품, 부동산(토지는 제외), 영업권 등이 해당한다.

· **앞의 부가세는 원칙적으로 상품 등의 시가에 과세된다. 따라서 자산이 많은 상태에서 법인에 대한 자산양도나 현물출자가 발생하면 부가세**

가 크게 발생할 수 있다.

· 세법은 법인전환 과정에서 부가세 문제를 해결해주기 위해 개인사업에 대한 권리와 의무를 그대로 법인에 이전(승계)하면 부가세 없이 거래할 수 있도록 하고 있다(사업의 포괄양수도).

2) 종합소득세

종합소득세는 매년 1월 1일부터 12월 31일(또는 폐업일)까지의 소득에 대해 과세되는 세금에 해당한다. 이때 사업자가 법인을 설립할 때 발생하기 쉬운 소득세 문제를 정리하면 다음과 같다.

· 재고자산이나 비품 등을 시가로 법인에 양도하거나 현물출자하면 개인소득이 증가해 종합소득세가 증가할 수 있다. 다만, 실무에서는 장부가로 평가하므로 이러한 걱정은 하지 않아도 될 것으로 보인다.

· 사업양수도 과정에서 영업권을 누락하는 경우에는 기타소득세 추징 및 주주에 대한 증여세* 문제가 있다.

* 단, 사업양도자가 법인의 주주가 된 경우에는 본인에게 증여하는 것이 되므로 이에 대해서는 증여세가 과세되지 않는다(상증법 제45조의 5).

3) 양도세

양도세는 매년 1월 1일부터 12월 31일(또는 폐업일)까지 발생한 부동산 등 양도세 과세대상 자산*에서 발생한 소득에 대해 과세되는 세금에 해당한다. 이때 사업자가 법인을 설립할 때 발생하기 쉬운 양도세 문제를 정리하면 다음과 같다.

* 이에는 부동산, 분양권, 조합원입주권 등이 포함된다.

· 사업자가 사업용 부동산(사업용 부동산)을 법인에 양도하면 이에 대해서

는 양도세가 발생하는 것이 원칙이다.

· 사업자가 사업용 부동산과 영업권을 동시에 법인에 양도하면 영업권 소득은 양도소득으로 보게 된다.

· 세법은 법인전환을 원활히 해주기 위해 조특법에서 정하는 요건(개인사 업장의 순자산가액 이상 자본금을 현금이나 현물로 출자할 것 등)을 갖추면 양도세 이월과세*를 적용한다.

* 이 제도는 개인의 양도세 납부를 부동산을 인수한 법인이 양도할 때로 이월하는 제도에 해당한다(영업권은 이월과세 제외). 참고로 영업권 양도세는 이월과세를 받을 수 없다.

2. 법인사업자의 관점

개인사업자로부터 자산이나 사업을 양수하거나 현물출자를 받은 법인의 관점에서는 개인사업자보다 세무상 쟁점이 크게 발생하지 않는다. 취득세와 법인세 관점에서 이를 확인해보자.

1) 취득세

취득세는 부동산을 취득할 때 지자체에서 과세하는 세금에 해당한다. 이때 법인이 개인사업자로부터 부동산을 취득할 때 발생할 수 있는 취득세 문제를 정리하면 다음과 같다.

· 사업자가 사업용으로 사용하고 있는 부동산(사업용 부동산)을 법인이 양수하거나 현물출자를 받으면 이에 대해서는 취득세가 발생하는 것이 원칙이다.

· 수도권 과밀억제권역 내에서 신설된 법인이 이 지역 내의 부동산을 취득하면 취득세 중과세*를 적용받을 수 있다.

* 다만, 중과제외업종의 경우에는 중과세를 배제한다. 지방세법 제13조(주택은 제13조의 2)를 참조하기 바란다.

· **세법은 법인전환을 원활히 해주기 위해 지특법에서 정하는 요건**(개인사업장의 순자산가액 이상 자본금을 현금이나 현물로 출자할 것 등)**을 갖추면 취득세 감면**[*]**를 적용한다.**

* 단, 부동산 임대업이나 부동산 공급업용 부동산에 대해서는 이를 적용하지 않는다.

2) 법인세

법인세는 매년 1월 1일부터 12월 31일(또는 폐업일)까지의 소득에 대해 과세되는 세금에 해당한다. 이때 사업자로부터 사업을 인수한 법인이 주의해야 할 법인세 문제를 정리하면 다음과 같다.

· 사업자의 법인전환 시 법인이 유상으로 취득한 영업권은 법인의 무형자산에 해당하는 것이고, 이에 대해서는 감가상각(5년, 정액법)을 할 수 있다.

· 사업자가 사업을 양도할 때 영업권을 누락하면 법인은 세법상 문제가 없다. 다만, 주주에 대한 증여세 문제가 있을 수 있으나 사업양수도 또는 현물출자의 경우에는 증여세 문제가 거의 발생하지 않는다. 사업자 본인이 대부분의 주식을 인수하기 때문이다.

· 개인 성실신고사업자가 법인전환 시에는 법인도 3년간 성실신고를 적용받는다.

① 고용 승계 및 퇴직금 지급

사업을 양수도할 때 부가세 면제를 위해 종업원도 승계하는 것이 원칙이다. 한편 퇴직금 지급은 사업자가 할 수도 있고 계약으로 법인이 할 수도 있다.

② 조세감면이나 이월결손금의 승계 여부

사업자가 조세감면을 받던 중에 법인전환을 한 경우 남은 기간에 대한 감면은 신설된 법인이 이어서 받을 수 있다. 한편 개인사업에서 발생한 이월결손금은 개인에게 귀속하므로 법인에 승계되지 않는다.

③ 법인전환에 따른 소요비용의 크기

개인사업을 법인으로 전환하면 다음과 같은 비용이 발생한다.

· 결산비용 : 법인전환을 위해 법인전환일에 맞춰 결산을 진행한다. 이때 이에 대한 수수료가 발생한다.

· 부동산이 있는 경우 감정평가를 받는 것이 원칙이다. 이때 비용이 소요된다.

· 양도세 : 양도차익에 대해 양도세가 발생한다. 이때 신고수수료가 발생한다.

· 취득세 : 일반적으로 4%선에서 발생한다. 다만, 수도권 과밀억제권역 내에서 설립 시에는 2배로 취득세가 중과세될 수 있다.

· 법인자본금 등록세 : 등록한 자본금의 0.4%(과밀억제권역 내는 1.2%)만큼 등록세가 발생한다.

· 채권비용 : 국민주택채권을 매입해야 하며 이 과정에서 채권할인비용이 발생한다 (채권매입가의 10~13% 정도의 할인비용 발생).

· 세무 컨설팅 비용 : 위의 절차 통제 및 각종 신고 업무비용 등이 발생한다.

☞ 구체적인 비용에 대해서는 저자의 카페(네이버 신방수세무아카데미)로 문의해도 된다.

4장

개인사업 결산이
법인전환의 핵심인 이유

개인사업 결산과 법인전환의 관계

사업자가 본인의 사업을 법인으로 전환하기 위해서는 기본적으로 개인 사업 결산부터 시작해야 한다. 결산을 통해 정확한 사업의 가치를 파악하고 법인전환에 따른 세무상 쟁점을 미리 파악해야 하기 때문이다. 다음에서는 결산이 법인전환에 어떤 연관 관계를 갖는지부터 정리해보자.

1. 회계결산과 법인전환과의 관계

회계결산은 기업이나 조직이 일정 기간의 재무활동을 종합적으로 정리하고, 그 결과를 보고서 형태로 작성하는 과정을 말한다. 이의 결과로 재무상태표나 손익계산서 등이 만들어진다. 이러한 결산과 법인전환의 관계를 알아보면 다음과 같다.

첫째, 사업 가치를 파악할 수 있다.

사업자로서는 자신이 일군 사업의 가치가 얼마인지가 궁금할 수 있다. 사업의 가치가 정확히 파악되면 이를 물건처럼 외부에 팔 수 있기 때문이다. 이러한 사업의 가치는 다음과 같이 계산할 수 있다.

· **사업 가치=(자산[*]−부채[*])+영업권[**]**

[*] 자산과 부채는 시가로 파악하는 것이 원칙이며, 사업 무관 자산과 부채는 제외하는 것이 원칙이다.

[**] 영업권은 감정가액 또는 상증법상 평가 방법으로 정한다.

둘째, 부가세 면제를 위한 포괄양수도 계약을 진행할 수 있다.

개인사업을 법인에 양도하면 자산에 대해 부가세가 발생한다. 따라서 이러한 부가세를 없애기 위해서는 포괄양수도 방식으로 이전이 되어야 한다. 결산은 이를 위한 자산과 부채 등에 대한 정보를 제공해준다.

· **포괄양수도⇒자산[*]+부채[*]+인적시설이 동시에 이전**

[*] 사업과 무관한 자산, 미수금과 미지급금은 제외해도 무관하다. 또한, 외상매출금 등의 일부나 인적시설 일부 미이전의 경우에도 사업의 동질성이 무너지지 않으면 포괄양수도가 인정된다.

셋째, 세 감면을 위한 순자산가액을 파악할 수 있다.

전환 사업장의 자산에 양도세 과세대상 자산이 포함되어 있는 상태에서 법인으로 전환하면 양도세와 취득세가 발생하기 마련이다. 이때 신설 법인이 전환 사업장의 순자산가액 이상 자본금을 현금 또는 현물출자하면 세 감면이 적용되는데, 이때 결산의 중요성이 있다.

· **순자산가액=전환일 현재의 시가로 평가한 자산[*]의 합계액−충당금[**]을 포함한 부채의 합계액**

[*] 법인전환을 하면서 발생한 영업권은 순자산가액에 포함되지 않는다. 한편 여기서 자산과 부채는 시가로 평가하며, 부외자산과 부채는 순자산가액에 포함하는 것이 원칙이다.

[**] 퇴직급여충당금(기업회계에서는 퇴직급여충당부채라고 한) 등이 대표적이다.

2. 적용 사례

사례를 통해 앞의 내용을 확인해보자.

| 자료 |
· K 씨는 현재 제조업을 영위하고 있음.
· 그의 자산에는 재고자산(10억 원)과 기계장치 등 유형자산(10억 원)이 있음
  (모두 장부가액에 해당함).
· 이외 자산에는 외상매출금 1억 원과 미수금 1,000만 원이 있음.
· 부채에는 은행차입금 1억 원, 이외 미지급금 1,000만 원이 있음.
· 외부의 감정기관을 통해 영업권을 확인한 바 5억 원으로 평가됨.

Q1. K 씨의 사업 가치는 얼마나 될까?

사업 가치는 다음과 같이 계산할 수 있다.

구분	금액	비고
자산	21억 1,000만 원	재고자산 10억 원*+유형자산 10억 원+외상매출금 1억 원+미수금 1,000만 원
−부채	1억 1,000만 원	은행차입금 1억 원+미지급금 1,000만 원
=순자산가액	20억 원	자산에서 부채를 차감한 금액을 말함.
+영업권	5억 원	법인전환과정에서 별도로 평가된 영업권을 말함(순자산가액에 해당하지 않음).
사업 가치 계	25억 원	

* 세법에서는 시가를 말하나 실무에서는 시가 파악이 힘든 경우가 많아 장부가로 처리하는 경우가 많다.

Q2. K 씨가 위에서 산출한 25억 원을 신설된 법인으로부터 받으려고 한다. 이 경우 K 씨는 어떤 식으로 회계처리를 하면 될까? 단, 영업권도 편의상 자산에 포함한다고 하자.

(차) 은행차입금 1억 원 미지급금 1,000만 원 미수금 25억 원*	(대) 재고자산 10억 원 유형자산 10억 원 외상매출금 1억 원 미수금 1,000만 원 영업권 5억 원**
계 : 26억 1,000만 원	계 : 26억 1,000만 원

* 지급받을 양수도대가를 말한다.

** 해당 영업권은 사실상 자가창설영업권이라고 볼 수 있지만, 법인에 유상으로 양도되는 것인
만큼 재무상태표에 반영해도 될 것으로 보인다. 다만, 조특법상 순자산가액 책정 시에는 영
업권은 순자산가액에 포함되지 않는다는 점은 구별하는 것이 좋을 것으로 보인다.

참고로 신설된 법인은 아래처럼 회계처리를 한다.

(차) 재고자산 10억 원 유형자산 10억 원 외상매출금 1억 원 미수금 1,000만 원 영업권 5억 원	(대) 은행차입금 1억 원 미지급금 1,000만 원 미지급금* 25억 원

* 지급해야 할 양수도대가를 말한다.

Q3. K 씨의 보유재산에는 재고자산과 유형자산, 그리고 별도로 평가한
영업권이 있다. 이를 양도하면 원칙적으로 부가세가 발생하는데, 이를 면
제받기 위한 요건은?

부가세법에서 정하고 있는 사업의 권리와 의무를 포괄적으로 양도하면
된다.

☞ 여기서 사업의 권리와 의무는 사업의 주요 재산인 재고자산과 유형
자산과 무형자산, 그리고 이를 운영할 수 있는 인적자원 등 본질적
인 요소를 말한다. 따라서 본질적인 요소가 아닌 미수금이나 미지급
금, 그리고 사업 무관 자산 등은 법인에 이전되지 않아도 포괄양수
도가 성립한다. 참고로 법인 이전 시 외상매출금이나 외상매입금은

관리 목적상 개인 앞으로 남겨두는 예도 있는데, 이럴 때도 포괄양수
도가 성립할 수 있다.

Q4. 사례의 경우, 법인을 설립할 때 전환 사업장의 순자산가액 이상 현
금이나 현물출자를 하지 않아도 된다. 왜 그런가?

K 씨가 보유한 자산에는 부동산이 없다. 따라서 사례의 경우, 순자산가
액과 무관하게 양도세도 과세되지 않고 취득세도 발생하지 않는다.

☞ 순자산가액 이상의 금전이나 현물의 출자가 필요한 경우에는 전환
　사업장에 양도세와 취득세 과세대상 자산이 있는 경우라는 사실을
　다시 한번 확인해두자.

법인전환을 위한
결산절차

법인전환을 위해 결산을 할 때는 자산과 부채의 확정이 무엇보다도 중요하다. 그런데 실무에서 보면 개인사업체의 회계처리는 법인처럼 정형화되어 있지 않다. 이에 따라 장부에 누락된 것들도 많고 업무와 관련성이 없는 자산과 부채들이 장부에 등재된 때도 있을 수 있다. 따라서 장부상의 금액으로 법인전환을 하다가는 세법에서 정한 요건을 위배할 가능성이 크다. 그렇기에 사업자의 결산에 관심을 집중할 필요가 있다.

1. 결산절차

법인전환을 위해서는 먼저 법인전환일 전에 가결산을 진행한 후 법인전환일에 맞춰 정식 결산을 한다.

1) 가결산

예를 들어, 법인전환일이 12월 31일이라면 가결산은 11월 30일*을 기준으로 한다. 따라서 1월 1일부터 11월 30일까지를 기준으로 재무상태표와 손익계산서 계정에 대한 거래 내역을 장부에 기록하고 마감을 한다. 물론 이때 업무 관련성이 없거나 누락된 것, 가공자산이나 부채 등은 모두 바로잡아야 한다. 이러한 방식을 통해 잠정적인 재무제표(재무상태표와 손익계산서 등)를 작성하고 이를 바탕으로 향후 일정 등을 수립하게 된다.

> * 상황에 따라서는 10월 31일을 기준으로 해도 된다. 다만, 실무적으로는 가결과 정식 결산의 틈새를 좁히는 것이 편리하다.

2) 정식 결산

법인전환일에 맞춰 1월 1일부터 법인전환일까지의 모든 회계 거래를 장부에 기록하고 마감한다. 이 단계에서는 매출, 비용, 자산, 부채 등의 모든 항목이 정확히 기록되었는지 확인한다. 이때 감가상각비, 충당금 설정, 미수금, 미지급금 등 회계 추정치의 조정을 포함한다. 예를 들어, 다음과 같은 것들이 있다.

구분		내용
자산	재고자산 감모손실	장부에 반영(증명책임은 사업체에 있음)
	감가상각비	감가상각비를 결산에 반영하지 않으면 원칙적으로 세무조정으로 손금에 산입할 수 없음(임의상각제도).
	자산의 폐기손실	시설의 개체·낙후*로 인한 생산설비의 폐기손실은 장부가액에서 1,000원을 공제하고 결산 때 비용에 반영할 수 있음.
	부외자산	업무 관련성이 있으면 장부에 반영
	가공 및 업무무관자산	업무 관련성이 없으므로 장부에서 제외
부채	충당금	퇴직급여충당금**, 대손충당금 등을 말함.
	미지급세금	양도세 이월과세액
	부외부채	업무 관련성이 있으면 장부에 반영
	가공 및 업무 무관 부채	업무와 관련된 것만 장부에 반영해야 함.

> * 임의 평가손실은 향후 소득세 계산 시 필요경비로 인정받지 못함.
> ** 회계에서는 퇴직급여충당부채로 부른다. 이 책에서는 가급적 회계상의 용어로 표현하기로 한다.

2. 적용 사례

사례를 통해 앞의 내용을 확인해보자.

| 자료 |
· 제조업을 영위하는 K 씨는 법인전환을 위해 결산을 했음.
· 11월 30일 현재 주요 재무상태표 항목은 다음과 같음.

구분	금액	비고
자산	10억 원	장부가
부채	5억 원	장부가
자본(순자산)	5억 원	

· 1월 1일부터 11월 30일까지의 손익현황은 다음과 같음.

구분	금액	비고
수입	10억 원	
-비용	5억 원	감가상각비 등 결산분개 미반영
=당기순이익	5억 원	

Q1. 11월 30일 현재, 가결산 결과를 해석하면?

감가상각비 등을 미반영한 결과 순자산가액은 5억 원, 당기순이익은 5억 원이다.

Q2. 만일 감가상각비가 2,000만 원이라면 앞의 재무제표는 어떤 식으로 바뀔까?

순자산은 4억 8,000만 원이 되고, 당기순이익은 4억 8,000만 원이 된다.

Q3. 앞의 자산 중 5억 원 정도가 쓸모가 없는 자산에 해당한다. 이를 결산 때 다음과 같이 회계처리를 하면 재무제표는 어떤 식으로 변할까?

(차) **폐기손실 5억 원** (대) **자산 5억 원**

자산이 5억 원이고 부채가 5억 원이므로 순자산은 0원이 된다. 한편 당기순이익은 0원이 된다. 이렇게 되면 소득세가 발생하지 않게 된다.

Q4. Q3의 폐기손실에 대해 세법은 이를 그대로 인정하는가?

폐기손실을 제한 없이 인정하면 앞에서 본 것처럼 소득세 회피가 일어나므로 세법은 원칙을 정해 이에 대한 처리 기준을 두고 있다.

구분	원칙	예외
재고자산	평가손실은 인정하지 않음.	파손, 부패, 시장성 상실 등에 의한 평가손실 등은 인정*
유형자산(부동산)		화재 등으로 파손 또는 멸실된 경우 감액손실 인정
기타 유형자산(시설 등)		시설의 개체 또는 낙후로 인한 폐기손실 인정**

* 재고자산의 감액평가에 대해서는 다음의 집행기준을 참조하기를 바란다.
※ 법인세 집행기준 42-78-2 [재고자산의 감액평가]
① 파손, 부패 등의 사실이 확인되어 재고자산 평가손실을 계상한 것은 이를 손금에 산입한다.
※ 법인이 시장가치가 상실되어 판매할 수 없는 재고자산을 폐기하는 경우에는 그 사실이 객관적으로 입증될 수 있는 증빙(폐기업체 지급영수증, 폐기물 사진 등)을 갖추어 해당 재고자산의 장부가액을 소득금액 계산상 손금에 산입할 수 있는 것이나, 이에 해당하는지는 상품 가치, 시장 교환성 유무 및 폐기처분규정 등의 객관적인 증빙 여부에 따라 사실 판단할 사항임(서면-2019-법인-0238, 2019.10.31).
② 판매상품 등의 흠으로 새로운 상품 등을 교환해준 경우 회수한 상품 등은 사업연도 종료일 현재 처분 가능한 시가로 평가할 수 있다.
③ 풍수해, 기타 관리상의 부주의 등으로 품질이 저하된 제품 등을 등급전환 또는 폐기하는 경우에는 그 사실이 객관적으로 입증될 수 있는 증거를 갖추어 처리해야 한다.

** 사업의 폐지 또는 사업장의 이전으로 임대차계약에 따라 임차한 사업장의 원상회복을 위하여 시설물을 철거하는 때도 경비로 인정된다(소득령 제67조).

따라서 사례의 자산이 위의 기준에 부합한 것은 비용으로 인정하나, 그렇지 않으면 비용으로 인정되지 않는다.

비용으로 인정하는 경우	비용으로 인정하지 않는 경우
· 순자산가액 : 0원 · 사업소득 금액 : 0원	· 순자산가액 : 0원* · 사업소득 금액 : 5억 원**

* 자산이 폐기되면 재무상태표에서는 제거되므로 결산상 순자산가액은 0원(세무상 순자산가액은 5억 원)이 된다.

** 사업자가 결산을 통해 세법에 맞지 않게 손실처리하면 이를 인정하지 않으므로 사업소득 금액은 5억 원이 된다. 이는 소득세를 줄이는 것을 방지하기 위한 취지가 있다.
· 사업소득 금액=당기순이익 0원+필요경비 불산입 5억 원=5억 원

회계결산 시 중점적으로 점검해야 할 것들

앞의 내용을 통해 보건대, 개인사업장에 대해 결산할 때는 정확한 지침에 따라 업무가 진행되어야 한다. 이를 어떤 식으로 진행하는지에 따라 법인전환의 방향, 순자산가액의 결정, 각종 세금의 크기 등에 영향을 주기 때문이다. 다음에서 주요 항목별로 이에 대해 알아보자.

1. 자산

결산 시 가장 주의해야 할 항목은 바로 자산과 관련된 것들이다. 여기에서 다양한 쟁점들이 발생하기 때문이다.

1) 당좌자산

당좌자산은 현금이나 외상매출금같이 바로 현금화할 수 있는 자산을 말한다. 이러한 자산은 법인전환일 기준으로 실사를 거쳐 자산을 확정한다. 만일 채권 중 회수가 힘든 경우에는 이에 대한 대손처리 등을 해야 한다.

　(차) **대손금**＊ ××× (대) **매출채권 등** ×××

2) 재고자산

재고업종의 경우에는 재고자산에 대한 정확한 평가가 필요하다.

· **장부상 재고와 실제 재고를 확인해야 한다.**

· **재고자산 감모손실이나 평가손실이 있다면 다음과 같이 장부에 반영**
  한다.

(차) **재고자산 감모손실*** ××× (대) **재고자산** ×××

* 재고자산의 경우 대부분 비용으로 인정된다. 다만, 손실처리에 대한 증명책임은 사업자에게
  있다.

3) 투자자산

업무와 무관하게 보유한 자산에 해당한다. 개인사업자의 경우에는 이
러한 자산은 장부에서 아예 제외하는 경우가 많아 쟁점이 별로 없다.

4) 유형자산

유형자산은 기계장치, 인테리어, 비품, 사업용 부동산 등을 말한다. 이
러한 자산에 대해서는 다음과 같은 점에 주의한다.

· **감가상각을 정상적으로 진행하지 않으면 자산 과대 및 이익 과소의**
  문제가 발생한다.

· **유형자산에 대한 평가손실은 원칙적으로 허용하지 않으나, 시설의 개**
  체나 낙후 등에 의한 평가손실은 제한적으로 인정한다.

5) 무형자산

장부에 계상된 특허권이나 영업권 등은 감가상각만 제대로 이행하면 큰 문제가 없다.

2. 부채

사업자의 부채는 크게 은행차입금과 그 외 채무로 구분할 수 있다.

1) 은행 차입금

이 차입금은 업무와 관련성이 있어야 하며, 업무와 관련성이 없는 차입금에서 발생하는 이자에 대해서는 비용으로 인정하지 않는다.

2) 그 외 채무

그 외 채무도 업무 관련성이 있어야 장부에 계상할 수 있다. 한편 법인전환 시 개인사업자로부터 이전받은 퇴직급여충당부채도 법인의 부채에 해당한다.

☞ 개인사업장에 종사한 종업원이 법인사업장에 고용 승계된 경우 회계처리 등에 대해 알아보면 다음과 같다.

① 퇴직금을 개인사업자가 정산한 경우

이 경우에는 개인사업장에서 퇴직급여가 정산되었으므로 법인에서는 아무런 조처를 할 필요가 없다.

구분	개인사업자	법인
회계처리	(차) 퇴직급여 등[*] ××× (대) 현금 등 ×××	–
전환 후 근속연수 계산	–	전환 전의 근무 기간 통산 불가 (단, 계약에 따라 통산 가능)

[*] 전기 이전에 발생한 퇴직급여는 전기오류수정손실로 처리하는 것이 원칙이나, 이를 구분하지 않아도 비용으로 처리는 금액은 같다(9장 참조).

② 퇴직금 지급을 법인이 정산하는 경우

이 경우에는 법인전환 시 퇴직금 지급의무(부채)가 법인에 이전되었으므로 법인의 부채로 계상하게 된다.

구분	개인사업자	법인
회계처리	(차) 퇴직급여 등 ××× (대) 퇴직급여충당부채[*] ×××	(차) 제 자산 ××× (대) 퇴직급여충당부채 ×××
전환 후 근속연수 계산	–	전환 전의 근무 기간 통산 가능

[*] 개인사업장에서 발생한 퇴직급여누계액으로 법인에게 이전되는 부채를 말한다.

3. 수익과 비용

1) 수익

수익은 매출을 말하므로 부가세 신고 등을 통해 매출이 정확히 계상되었다면 문제가 없다.

2) 비용

비용은 영수증의 근거에 따라 정확하게 회계처리를 하면 문제가 없다.

4. 적용 사례

다음 자료를 통해 앞의 내용을 확인해보자.

l 자료 l
· 제조업을 영위하는 K 씨는 법인전환을 위해 결산을 준비 중임.
· 11월 30일 현재 가결산한 결과 주요 재무상태표 항목은 다음과 같음.

항목	장부가액	수정할 내용
현금	1억 원	실제는 없음.
외상매출금	1억 원	이 중 1,000만 원은 사실상 회수가 불가능함.
미수금	1억 원	
재고자산	5억 원	실제 재고와 장부상 재고 차이가 있음 (감모손실 4,000만 원).
기계장치	5억 원	
비품	1억 원	
차량운반구	1억 원	가정에서 사용한 차량이 포함됨(5,000만 원 상당액).
사업용 건물과 토지	10억 원	감정평가 시 20억 원임.
자산 계	**25억 원**	
은행차입금	4억 원	1억 원은 사업과 무관함.
외상매입금	1억 원	
부채 계	**5억 원**	
자본 계	**20억 원**	

· 1월 1일부터 11월 30일까지의 손익 현황은 다음과 같음.

구분	금액	수정할 내용
수입	10억 원	
−비용	5억 원	· 외상매출금 대손금(1,000만 원) : 비용 인정 · 재고 감모손실(4,000만 원) : 비용 인정 · 감가상각비 계상 : 1억 원
=당기순이익	5억 원	

Q1. 가결산한 재무상태표에 수정할 내용을 반영하면 어떤 식으로 변하는가?

항목	장부가액	수정할 내용	수정 후 금액
현금	1억 원	실제는 없음.	0원
외상매출금	1억 원	1,000만 원 회수 불가능	9,000만 원
미수금	1억 원		1억 원
재고자산	5억 원	감모손실 4,000만 원	4억 6,000만 원
기계장치	5억 원		5억 원
비품	1억 원		1억 원
차량운반구	1억 원	가정용 차량 5,000만 원	5,000만 원
사업용 건물과 토지	10억 원	감정평가 시 20억 원임.	10억 원*
자산 계	**25억 원**		**23억 원**
은행차입금	4억 원	1억 원은 사업과 무관함.	3억 원
외상매입금	1억 원		1억 원
부채 계	**5억 원**		**4억 원**
자본 계	**20억 원**		**19억 원**

* 결산 시에는 장부가를 기준으로 산정하며, 조특법상 순자산가액 산정 시에 시가로 조정함.

Q2. 가결산한 손익계산서에 수정할 내용을 반영하면 어떤 식으로 변하는가?

구분	금액	수정할 내용	수정 후 금액
수입	10억 원	–	10억 원
–비용	5억 원	· 외상매출금 대손금(1,000만 원) : 비용 인정 · 재고 감모손실(4,000만 원) : 비용 인정 · 감가상각비 : 1억 원	6억 5,000만 원
=당기순이익	5억 원	–	3억 5,000만 원

* 결산 시에는 장부가를 기준으로 산정하며, 조특법상 순자산가액 산정 시에 시가로 조정함.

세법상 순자산가액
측정 방법

결산을 진행한 결과, 자산과 부채, 그리고 손익이 확정되었다고 하자. 이제 법인전환 시 부동산에 대한 세 감면을 위해 조특법 제32조에서 요구한 순자산가액을 측정하는 방법에 대해 알아보자. 회계상 순자산가액은 장부상의 자산가액에서 부채를 차감해 계산하지만, 세법상 순자산가액은 시가를 기준으로 계산한다는 차이가 있다.

1. 순자산가액의 구성요소

1) 순자산가액의 의의

개인사업자가 보유한 사업용 부동산을 법인으로 전환하는 경우, 양도세와 취득세가 동시에 발생한다. 따라서 이때 양도세 이월과세와 취득세 감면을 받기 위해서는 기본적으로 다음과 같은 요건을 충족해야 한다.

· 사업양수도→법인으로 전환하는 사업장*의 순자산가액 이상으로 사업자가 현금을 출자해 법인을 설립할 것
· 현물출자→법인으로 전환하는 사업장*의 순자산가액 이상으로 현물

을 출자할 것

이렇게 순자산가액 이상의 자본금을 요구하는 것은 개인사업을 법인으로 전환하는 과정에서 규모가 축소되는 것을 방지해 그 동일성을 유지하기 위한 취지가 있다.

2) 자산의 측정

순자산가액은 자산에서 부채를 차감해 계산한다. 이때 자산은 어떤 식으로 측정하는지 알아보자.

· 자산은 업무와 관련성이 있는 자산을 말한다. 따라서 업무와 관련이 없는 자산*은 미리 정리하고 결산하는 것이 원칙이다.

* 업무에 직접 사용하지 아니하는 부동산, 승용차, 서화 등을 말한다.

· 자산은 시가를 측정하는 것을 원칙으로 한다. 여기서 시가는 시장에서 거래되는 가격→감정평가액→상증법상 평가액* 순으로 정한다.

* 상증법 제61조~제64조까지를 말한다(부동산은 기준시가, 유형자산과 상품 등은 장부가 기준).

· 장부상에 없는 자산도 업무와 관련성이 있다면 자산에 포함한다.

· 영업권은 순자산가액에 포함하지 않는다.*

* 이는 사업 중에 사용되는 것이 아니고 사업양수도 과정에서 발생하는 항목에 해당하기 때문이다.

3) 부채의 측정

부채도 자산과 같은 원리에 따라 평가하는 것이 원칙이다.

· 부채는 업무와 관련성이 있는 채무를 말한다. 따라서 업무와 관련이

없는 부채는 미리 정리하고 결산하는 것이 원칙이다.

· 부채는 대부분 장부가액을 기준으로 평가한다.

· 결산일 현재 지급해야 할 의무가 있는 채무(퇴직급여충당부채, 양도세 이월
과세액을 의미하는 미지급세금 등)도 부채에 반영한다.

· 1월 1일부터 폐업일까지의 개인소득에 대한 종합소득세는 부채에 반영
하지 않는 것을 원칙으로 한다. 부채에 반영한 경우에는 법인으로부터
받는 금액이 줄어들게 된다.

· 장부상에 없는 부채도 업무와 관련성이 있다면 부채에 포함할 수 있다.*

* 순자산가액의 계산 시 장부계상을 누락한 부외부채(簿外負債)는 상대계정이 부외자산(簿外資産)
으로 확인되는 경우에 부채의 합계액에 '포함'되는 것으로서, 동 부외부채가 이에 해당하는지는
사실 관계에 따라 판단하는 것임(재산-293, 2009.9.23).

2. 적용 사례

사례를 통해 앞의 내용을 확인해보자.

| 자료 |
· 제조업을 영위하는 K 씨는 법인전환을 위해 결산을 준비 중임.
· 11월 30일 현재 가결산한 결과 주요 재무상태표 항목은 다음과 같음.

항목	장부가액	수정할 내용
현금	1억 원	실제는 없음.
외상매출금	1억 원	이 중 1,000만 원은 사실상 회수가 불가능함.
미수금	1억 원	업무와 관련됨.
재고자산	5억 원	실제 재고와 장부상 재고 차이가 있음 (감모손실 4,000만 원).

기계장치	5억 원	
비품	1억 원	
차량운반구	1억 원	가정에서 사용한 차량이 포함됨 (5,000만 원 상당액).
사업용 건물과 토지	10억 원	감정평가 시 20억 원임.
자산 계	**25억 원**	
은행차입금	4억 원	1억 원은 사업과 무관함.
외상매입금	1억 원	
부채 계	**5억 원**	퇴직급여충당부채 1억 원과 미지급세금이 1억 원 예상됨.
자본 계	**20억 원**	

Q1. 가결산한 재무상태표에 수정할 내용을 반영하면 어떤 식으로 변하는가?

항목	장부가액	수정할 내용	수정 후 금액
현금	1억 원	실제는 없음.	0원
외상매출금	1억 원	1,000만 원 회수 불가능	9,000만 원
미수금	1억 원		1억 원
재고자산	5억 원	감모손실 4,000만 원	4억 6,000만 원
기계장치	5억 원		5억 원
비품	1억 원		1억 원
차량운반구	1억 원	가정용 차량 5,000만 원	5,000만 원
사업용 건물과 토지	10억 원	감정평가 시 20억 원임.	10억 원*
자산 계	**25억 원**		**23억 원**
은행차입금	4억 원	1억 원은 사업과 무관함.	3억 원
외상매입금	1억 원		1억 원
퇴직급여충당부채	–		1억 원
미지급세금(양도세)	–		1억 원

항목	장부가액	수정할 내용	수정 후 금액
부채 계	5억 원		6억 원
자본 계	20억 원		17억 원

* 결산 시에는 장부가를 기준으로 산정함. 조특법상 순자산가액 산정 시에 시가로 조정함.

Q2. 세법에서 요구하는 순자산가액은 얼마나 되는가?

항목	가결산	정식 결산	순자산가액	평가 기준
현금	1억 원	0원	0원	시가
외상매출금	1억 원	9,000만 원	9,000만 원	장부가
미수금	1억 원	1억 원	1억 원	장부가
재고자산	5억 원	4억 6,000만 원	4억 6,000만 원	장부가
기계장치	5억 원	5억 원	5억 원	장부가
비품	1억 원	1억 원	1억 원	장부가
차량운반구	1억 원	5,000만 원	5,000만 원	장부가
사업용 건물과 토지	10억 원	10억 원	20억 원	감정가
자산 계	25억 원	23억 원	33억 4,000만 원	
은행차입금	4억 원	3억 원	3억 원	장부가
외상매입금	1억 원	1억 원	1억 원	장부가
퇴직급여충당부채	–	1억 원	1억 원	장부가
미지급세금	–	1억 원	1억 원	장부가
부채 계	5억 원	6억 원	6억 원	
자본 계	20억 원	17억 원	27억 원	

Q3. 사례의 경우 순자산가액은 27억 원이 되었다고 하자. 이 금액을 출자하면 양도세 이월과세와 취득세 감면을 받는 데 문제가 없을까?

그렇다.

Q4. 순자산가액 외에 별도로 영업권이 1억 원이 있다고 하자. 이 금액은 앞의 순자산가액에 영향을 미치지 않는가?

그렇다. 이 영업권은 평소 장부상에 계상된 것이 아니고 사업의 양도 과정에서 일시적으로 발생한 것이기 때문이다. 따라서 이를 장부에 반영할 필요가 없다.* 이에 대한 자세한 내용은 뒤에서 살펴본다.

* 단, 개인사업자가 결산 시 이를 장부에 반영해도 문제는 없을 것으로 보인다. 순자산가액 평가 시에 제외하면 그뿐이기 때문이다.

Q5. 앞의 자산 중에서는 부가세가 과세되는 자산들이 있다. 이에 대한 부가세를 없애기 위해 순자산가액 이상으로 자본을 출자하면 될까?

아니다. 순자산가액 출자의무는 양도세 이월과세 등을 위한 규정이고, 부가세 면제를 위해서는 사업에 대한 권리와 의무(사업용 고정자산+인적·물적 시설 등)가 포괄적으로 이전하면 족하기 때문이다. 즉 부가세 면제를 위한 요건에서는 이러한 자본금 요건이 없다.

☞ 개인사업자의 자산에 부동산이 있으면 부가세와 양도세, 그리고 취득세가 동시에 발생하므로, 이 경우에는 법인 신설 때 전환 사업장의 순자산가액 이상으로 자본을 출자하는 동시에 사업에 대한 권리 의무를 포괄적으로 양수도하면 된다.

Tip 회계결산과 사업양수도 시 자산과 부채의 평가

1. 회계결산

개인사업자가 법인전환을 위해 일정 시점에 맞춰 회계결산을 할 때는 기업회계기준에 따르는 것이 원칙이다. 따라서 회계결산 시 자산과 부채는 장부가액을 기준으로 결산을 진행한다.

2. 세법상 평가

세법은 시가 위주로 과세하는 것을 원칙으로 하고 있다. 따라서 사업 양수도 등의 방법으로 법인전환을 할 때는 자산과 부채를 시가로 평가해야 한다.

☞ 이렇게 시가로 평가하면 사업용 부동산의 차익 등이 발생해 양도세 등이 생각보다 많이 발생할 수 있다. 물론 여기서 시가가 무엇인지가 중요할 수 있다. 시가가 없다면 기준시가도 가능하기 때문이다. 다만, 원활한 취득세 감면을 위해서는 감정평가를 받는 것이 좋을 것으로 보인다.

3. 둘의 관계

만일 사업양수도가 없다면 장부가액을 기준으로 결산을 진행하고 이에 맞춰 소득세 등을 신고 및 납부하면 된다. 하지만 사업양수도가 있다면 회계결산에 따라 작성된 재무제표를 시가로 조정해야 한다. 특히 부동산, 영업권에 대해서는 가격을 어떤 식으로 평가해야 세법상 문제가 없는지를 검토해야 한다.

구분	장부가	증가	감소	순자산 가액(평가액)	비고
자산 재고자산* 사업용 고정자산** 무형자산***					장부가, 감정가 등

구분	장부가	증가	감소	순자산 가액(평가액)	비고
부채					

* 장부가를 기준으로 재고 감모손실 등을 반영해 결산을 진행한다. 한편 세법상 순자산가액 계산 시에는 장부가를 기준으로 실무처리를 해도 될 것으로 보인다.

** 사업용 고정자산 중 부동산을 제외한 나머지 자산(비품 등)은 장부가로 평가해도 되지만, 부동산은 감정평가를 받아야 다양한 세무상 쟁점을 피할 수 있다는 점에 유의하기를 바란다.

*** 영업권의 경우 감정평가를 받거나 상증법상 평가 방법 중 하나를 선택할 수 있다.

순자산가액이 잘못된 경우와
세무상 쟁점

앞에서 본 순자산가액은 시가로 평가된 자산에서 충당금을 포함한 부채를 차감해 계산한다. 그런데 이를 계산하는 과정에서 다양한 실수가 발생할 수 있다. 이렇게 되면 세법에서 정하는 요건을 충족하지 못해 예기치 못한 낭패를 당할 수 있다. 다음에서는 이러한 관점에서 순자산가액이 세법상의 기준과 차이가 나는 경우, 어떤 문제점이 있는지를 알아보자.

1. 순자산가액 측정의 오류와 세무상 쟁점

세법은 거래 당사자가 특수관계에 해당하는 경우에는 편법거래가 등장할 수 있으므로 이에 대해 다음과 같이 규제하고 있다. 따라서 특수관계에 해당하는 경우에는 최대한 세법상의 기준에 따르는 것이 좋을 것으로 보인다.

1) 순자산가액이 세법상의 기준보다 적은 경우(저가 양도)

이는 저가로 사업을 양도하는 것이 된다. 이렇게 되면 양도자에게는 소득세법상 부당행위계산제도를, 사업양수자인 법인의 주주에 대해서는 저가 양수에 따른 증여의제가 적용될 수 있다.

· **사업양도자에 대해서는 소득법상 부당행위계산제도가 적용된다.**

· **사업양수자(법인)에 대해서는 문제가 없다. 법인주주의 경우 증여세 문제가 있지만, 사업양도자와 법인의 주주가 같으므로 증여세가 발생하지 않는다.**

☞ 양도세 이월과세나 취득세 감면의 경우에는 세법상의 순자산가액보다 적은 금액이 현금이나 현물로 출자되기 때문에 이 경우에는 문제가 있을 것으로 보인다. 조특법 제32조 등에서는 출자하는 자본금이 전환 사업장의 순자산가액 '이상'으로 하도록 하고 있기 때문이다. 따라서 다음과 같은 결과를 예상해볼 수 있다.

· **양도세 이월과세→양도세를 바로 납부하게 된다.**

· **취득세 감면→감면을 박탈당하게 된다.**

2) 순자산가액이 세법상의 기준보다 많은 경우(고가양도)

이는 고가로 사업을 양도하는 것이 된다. 따라서 다음과 같은 조치들이 뒤따를 수 있다.

· **사업양도자에 대해서는 증여세가 부과될 수 있다.**

· **사업양수자는 취득가액을 시가에 맞게 조정해야 한다.**

☞ 양도세 이월과세나 취득세 감면의 경우에는 세법상의 순자산가액보다 많은 금액이 출자되기 때문에 이 경우에는 문제가 없을 것으로 보인다. 조특법 제32조 등에서는 출자하는 자본금이 전환 사업장의 순자산가액 '이상'이면 되는 것으로 하고 있기 때문이다(다음 사례 참조).

※ 개인사업의 법인전환 시 저가 양도와 고가양도에 따른 세무상 쟁점

구분	사업양도자	사업양수자(법인)
저가 양도	· 소득법상 부당행위계산 · 양도세 이월과세 불가	· 법인세 : 문제없음. · 취득세 : 지방법상 부당행위계산 · 법인주주 : 증여세 과세*
고가양도	증여세 (양도세 이월과세는 가능)	· 법인 : 법인법상 부당행위계산→취득가액 시가로 정정(취득세 감면은 가능)

* 상증법 제45조의 5에서 규정한 특정 법인과의 거래를 통한 증여의제가 적용되는 것을 말하며, 이 경우 주주당 증여이익이 1억 원 이상이 되어야 한다. 단, 세 감면 사업양수도나 현물출자의 경우 대부분 주식을 개인사업자가 가지므로 이러한 증여세 제도가 적용될 여지는 거의 없다.

2. 적용 사례

사례를 통해 앞의 내용을 알아보자.

| 자료 |
· K 씨는 개인사업을 영위 중에 법인전환을 하고자 함.
· 법인전환일 : 20×4년 12월 31일

Q1. K 씨가 영위하는 사업에는 부동산은 없고 재고자산만 있다. 이 상태에서 법인전환 시 재고자산에 대한 평가는?

통상 법인전환은 특수관계에 있는 자간에 일어나므로 자산과 부채는 세법상의 기준에 따라 정해야 한다. 이에 세법은 시장에서 거래된 가액이 없으면 감정가액을, 감정가액이 없으면 상증법에서 규정하고 있는 방법을 적용하도록 하고 있다. 예를 들어, 상품의 경우 시장가격으로 하되, 시장

가격이 불분명하면 이를 처분할 때에 취득할 수 있다고 예상되는 가액(재취득가액)으로 하되, 그 가액이 확인되지 아니할 때는 장부가액으로 하도록 하고 있다(상증령 제52조 제2항 제1호).

☞ 폐업일 또는 법인전환일 당시의 재고자산에 대한 시가를 알기가 어렵다. 그래서 대부분 장부가로 평가한다. 재고자산에 대한 평가문제는 매우 중요한 문제가 될 수 있다. 3장의 절세 탐구를 참조하기를 바란다.

Q2. 앞의 사업장 자산에 부동산이 포함되어 있다면 세 감면이 필요하다. 이 경우 순자산가액은 어떤 식으로 평가해야 하는가?

시가를 기준으로 평가해야 한다. 이 경우 부동산은 감정평가를 해야 세무상 문제점을 피할 수 있다.*

* 현물출자 시에는 감정가액으로 평가하는 것이 원칙이다.

Q3. K 씨가 신설된 법인에 세법상의 가격보다 저가로 양도했다. 이 경우 어떤 문제가 있는가?

특수관계에 있는 법인에 저가로 양도하는 경우에는 소득법상 부당행위계산제도가 적용될 수 있다. 다만, 이 경우 거래금액이 시가의 5%를 벗어나거나 차액이 3억 원 이상 발생해야 한다. 한편, 순자산가액 미만으로 출자를 하게 되어 세 감면이 적용되지 않을 수 있다.

Q4. 조특법 제32조에 따른 순자산가액 이상 자본금을 출자했지만, 개별 항목에서 평가오류가 발생하면 취득세 감면이 되지 않는가?

예를 들어, 세법상 순자산가액이 5억 원이나 출자를 10억 원 했다고 하

자. 그런데 자산 중 일부에서 평가가 잘못되었을 때 취득세 감면을 받을 수 있는지가 쟁점이 된다. 이에 대해 다음과 같은 심판례가 있으니 참고하기를 바란다(양도세 이월과세에 관한 내용은 별도로 확인해야 할 것으로 보인다).

※ 조심2010지0858(2011.11.01)

청구법인이 이 건 개인사업자의 사업장의 순자산가액 이상을 출자하여 법인전환을 하였다 하더라도, 동 순자산가액이 시가로 평가한 자산가액으로 인정하기 어려운 이상, 청구법인은 (구) 조특령 제29조 제2항 및 제5항의 감면요건을 충족하지 못한 상태로 법인전환을 하였으므로 이 건 부동산을 취득세 과세 면제대상으로 보기에는 어려움이 있다 할 것이다.

Tip 소득법과 조특법상 시가의 범위

구분		소득세법상의 시가	조특법상의 시가
적용 규정		소득법 제41조 부당행위계산부인 적용	조특법 제32조 순자산가액* 계산 적용
시가 산정 기준		법인령 제89조 제1항과 제2항에 따름. ▶ 시가→감정가액→상증 법 제61~66조 준용	조특법 기본통칙 32-29…2에 따름. ▶ 시가→감정가액→상증령 제49조 준용 ▶ 상증령 제49조가 없는 경 우 왼쪽의 법인령 제89조 제1항과 제2항 준용
시가 산정의 예	부동산	시가→감정가액→ 기준시가	좌동
	유형자산		
	재고 자산**	시가→재취득가액→ 장부가	좌동

* 이 순자산가액에는 영업권이 포함되지 않는다. 이는 당초 장부에서 관리가 되지 않은 자산이며, 사업의 양수도 과정에서 별도로 이를 측정해 도출되기 때문이다. 영업권 평가는 실무상 중요한 항목이므로 장을 분리해 자세히 분석하기로 한다.

** 재고자산의 경우 장부가로 처리하는 것이 타당하다(3장 절세 탐구 참조).

결산 시 다시 확인해야 할
포괄양수도의 요건

이상의 과정을 거쳐 최종 순자산가액과 영업권이 확정되었다고 하자. 이러한 상황에서는 사업 자체를 법인에 양도할 수 있다. 그런데 이 과정에서 결산을 통해 확정된 자산과 별도의 평가 과정을 거쳐 산출된 영업권을 동시에 법인에 양도하면 부가세가 발생하는 것이 일반적이다. 따라서 결산 시 이에 대한 면제요건을 다시 한번 점검하는 것이 좋을 것으로 보인다.

1. 사업의 양도와 부가세 과세

'사업의 양도'는 사업을 운영하는 권리, 자산, 부채 등 사업의 전반적인 요소를 다른 개인이나 회사에 넘기는 것을 의미한다. 이는 사업을 매수하거나 매각하는 형태로, 사업의 소유권을 이전하는 과정에 해당한다.

1) 사업 양도의 주요 요소
① **자산의 이전** : 건물, 기계, 재고, 지적 재산권 등과 같은 물리적, 비물리적 자산이 새로운 소유자에게 이전된다.

② 부채의 이전 : 기존 사업의 대출, 미지급금, 계약상의 의무 등도 양수자에게 이전될 수 있다.

③ 고객 및 계약의 이전 : 고객 명단, 기존 계약, 공급자와의 계약 등도 양수자에게 넘길 수 있다.

④ 영업권(Goodwill)의 이전 : 상표 가치, 고객 신뢰도, 시장 평판 등도 사업 양도의 중요한 부분이 될 수 있다.

2) 사업의 양도와 부가세의 발생

사업의 양도 시 이전되는 부가세 과세대상 자산에 대해서는 부가세가 발생하는 것이 원칙이다. 다만, 사업양도자의 부가세 과세유형에 따라 발생하는 내용이 다르다.

▶ 일반과세자→공급가액의 10%가 발생한다.

▶ 간이과세자→양도 대가×업종별 부가율*×10%만큼 발생한다.

* 업종별로 15~40%까지 고시되어 있다.

▶ 면세사업자→부가세가 발생하지 않는다.

2. 사업의 양도와 부가세 과세제외

1) 규정

부가세법 제10조 제9항에서는 다음의 요건을 갖추면 재화의 공급으로 보지 않는 사업의 양도로 본다. 따라서 이 요건을 갖추면 부가세를 과세하지 않는다.

사업장별로 그 사업에 대한 모든 권리와 의무를 포괄적으로 승계시키는 것을 말한다. 이 경우 그 사업에 대한 권리와 의무 중 다음 각호의 것을 포함하지 아니하고 승계시킨 경우에도 그 사업을 포괄적으로 승계시킨 것으로 본다.[*]

1. 미수금에 대한 것
2. 미지급금에 대한 것
3. 해당 사업과 직접 관련이 없는 토지·건물 등에 대한 것으로서 기획재정부령으로 정하는 것

[*] 그 사업을 양수받는 자가 대가를 지급하는 때에 그 대가를 받은 자로부터 부가세를 징수해 납부한 경우는 제외한다. 이는 포괄양수도임에도 불구하고 세금계산서를 주고받더라도 이를 인정하겠다는 것을 의미한다. 물론 사업양수자가 사업양도자를 대신해서 대리 납부를 해야 한다.

2) 구체적인 사례

앞에서 재화의 공급으로 보지 않는 사업양도란 사업장별로 사업용 자산을 비롯한 물적·인적시설 및 권리와 의무를 포괄적으로 승계시키는 것을 말하며(미수금, 미지급금, 사업과 관련 없는 토지·건물 등 제외), 다음과 같은 사례가 포함된다.

1. 개인인 사업자가 법인설립을 위해 사업장별로 그 사업에 대한 모든 권리와 의무를 포괄적으로 현물출자하는 경우
2. 과세사업과 면세사업을 겸영하는 사업자가 사업장별로 과세사업에 대한 모든 권리와 의무를 포괄적으로 양도하는 경우
3. 과세사업에 사용·소비할 목적으로 건설 중인 독립된 제조장으로서 등록되지 아니한 사업장에 대한 모든 권리와 의무를 포괄적으로 양도하

는 경우

4. 사업과 관련 없는 특정 권리와 의무, 사업의 일반적인 거래 외에서 발생한 미수채권·미지급채무를 제외하고 사업에 대한 모든 권리와 의무를 승계시키는 경우

5. 사업의 포괄적 승계 이후 사업양수자가 사업자등록만을 지연하거나 사업자등록을 하지 아니한 경우

6. 사업을 포괄적으로 승계받은 자가 승계받은 사업 이외에 새로운 사업의 종류를 추가하거나 사업의 종류를 변경한 경우(2006.2.9 이후 사업양도분부터 적용한다)*

 * 포괄양수도 이후에 사업의 종류를 추가하는 경우 등을 말한다.

7. 주사업장 외에 종사업장을 가지고 있는 사업자 단위 과세사업자가 종사업장에 대한 모든 권리와 의무를 포괄적으로 승계시키는 경우

8. 2 이상의 사업장이 있는 사업자가 그중 한 사업장에 대한 모든 권리와 의무를 포괄적으로 양도하는 경우 등

3. 적용 사례

사례를 통해 앞의 내용을 확인해보자.

| 자료 |
· 매출 : 1월 1일~9월 30일 기준 10억 원
· 비용 : 1월 1일~9월 30일 기준 7억 원
· 자산(장부가액) : 총 10억 원(재고자산 5억 원, 사업용 고정자산 3억 원, 기타 2억 원은 금융자산)

 * 사업용 고정자산: 인테리어 1억 원, 컴퓨터 등 비품 1억 원, 승용차 1억 원

· 부채 : 총 5억 원
· 종업원 : 10명

Q1. K 씨는 포괄양수도의 방법으로 자산과 부채, 그리고 종업원을 그대로 법인에 승계시키려고 한다. 이 경우, 세법상 문제는 없는가?

그렇다.

Q2. 만일 세법에서 정한 포괄양수도의 요건을 갖추지 못한 상태에서 법인전환을 하면 부가세는 얼마나 예상되는가? 단, 자산의 평가는 장부가액을 기준으로 한다.

사례의 총 장부가액은 10억 원으로 이 중 부가세가 발생하지 않는 금융자산을 제외하면 8억 원이 된다. 따라서 부가세는 8,000만 원이 된다.

Q3. 앞의 Q2에서 재고자산 등을 모두 장부가액으로 양수도를 하면 세무상 어떤 문제점이 있는가?

· **부가세 측면→포괄양수도에 해당하면 부가세법상 공급에서 제외되므로 부가세 관련해서는 문제가 없다.**
· **소득세 측면→시가가 밝혀지면 저가 양도에 해당해 소득법상 부당행위계산에 해당할 수 있다**(소득 46011-1688, 1997.06.23.).*

* 단, 저자는 부당행위계산규정을 적용할 수 없다고 본다(3장 절세 탐구 참조).

Q4. 소득세 과세를 피하기 위한 재고자산에 대한 대책은 없는가?

재고자산을 보유한 상태에서 법인전환 시 장부가로 평가해도 문제는 없어 보이나, 시가 과세에 대한 리스크를 최소화하고 싶다면 다음과 같은 대책을 마련한다(세무전문가의 확인을 받아 실행하기를 바란다).

· **재고는 최대한 줄인 상태에서 법인전환을 한다.**
· **불용재고는 손실처리를 한다.**

· 반품처리[*]를 한다.

* 반품처리 시 실물이동 없이 수정세금계산서를 주고받아도 세법상 문제가 없는 것으로 파악된다. 해당 재화의 소유권이나 처분권이 실질적으로 이전된 경우라면 사실과 다른 세금계산서로 단정할 순 없기 때문이다(조심-2012-부-2967, 2014.02.14. 등 참조).

사업자가 법인을 설립할 때 손익계산서보다는 재무상태표에 대한 지식
이 더 필요하다. 앞에서 잠깐 보았듯이 이를 기반으로 각종 세법을 적용
하기 때문이다. 이러한 관점에서 재무상태표상의 계정과목을 하나씩 살
펴보자.

1. 자산 계정과목

자산은 미래 경제적 효익이 기업에 유입될 것으로 기대되는 자원으로,
과거 사건의 결과로 발생하며, 기업이 소유하거나 통제하고 있는 것을 말
한다. 쉽게 말하면 수익을 발생시킬 수 있는 자원을 말한다. 회계에서는
이를 크게 유동자산과 비유동자산으로 구분하고 있다.

구분		내용
유동자산	당좌자산	· 현금성 자산 : 은행예금, 미수금 등 · 매출채권 : 물품 등을 제공하고 받지 못한 금액
	재고자산	판매를 목적으로 보유 중인 자산으로, 원재료, 제품, 상품, 반제품 등이 포함됨.
비유동자산	투자자산	투자 목적으로 보유하고 있는 자산
	유형자산	기업이 영업 목적으로 사용하는 건물이나 설비 등
	무형자산	물리적 실체가 없는 자산으로, 특허권, 상표권, 영업권 등이 포함됨.

2. 부채와 자본 계정과목

부채와 자본은 자산에 대한 취득자금의 원천을 말한다. 예를 들어, 자산이 10억 원이라면 부채와 자본의 합계액도 10억 원이 되는데, 이 중 부채가 5억 원이라면 나머지는 자본으로 구성되어 있다고 판단할 수 있다.

1) 부채 계정과목

부채는 과거 사건으로 인해 발생한 현재의 의무로, 자원의 유출을 통해 이행될 것으로 기대되는 것을 말한다. 쉽게 말하면 갚아야 할 채무를 말한다. 이의 계정과목은 다음과 같다.

구분	내용
유동부채	·매입채무 : 외상으로 구매한 물품이나 서비스에 대한 지급 의무(외상매입금) ·미지급금 : 물품이나 서비스를 받았으나 아직 지급되지 않은 금액 ·단기차입금 : 1년 이내에 상환해야 할 은행 차입금 등 단기 금융부채
비유동부채	·장기차입금 : 만기가 1년을 초과하는 금융기관 차입금 ·퇴직급여충당부채 : 퇴직금 지급을 대비해서 설정한 부채 ·임대보증금 : 임차인으로부터 받은 보증금으로, 장기적으로 반환해야 하는 금액

2) 자본 계정과목

자본은 기업이 소유자나 투자자로부터 받은 자금이나, 기업이 영업활동을 통해 축적한 자산을 의미하다. 그런데 사업자의 자본은 본인의 자금과 잉여금으로 구성되는 차이가 있다.

① 법인의 자본 계정과목

법인의 자본 구성항목을 간략히 정리하면 다음과 같다.

구분		내용
자본금		주식 발행을 통해 주주로부터 투자받은 자본(액면)
자본잉여금	주식 발행초과금	주식 발행 시 액면가를 초과해 받은 금액
이익잉여금		기업의 영업활동을 통해 발생한 순이익 중 배당하지 않고 남은 이익

② 개인의 자본 계정과목

기인의 자본 구성항목을 간략히 정리하면 다음과 같다.

구분		내용
자본(순자산*)	자본금	사업자가 사업에 투자한 자금
	인출금	사업자가 개인적으로 사용하기 위해 인출한 자금
	이익잉여금	기업의 영업활동을 통해 발생한 순이익 중 배당하지 않고 남은 이익

* 사업자의 자본계정은 본인이 사업에 투자한 자금과 순이익의 합으로 구성된다. 따라서 사업자의 자본계정은 사업자의 순자산가액을 말한다.

Tip 개인사업자의 자본 항목에 대한 재무제표 표기형식

개인사업자의 자본 항목을 자본변동표의 형식으로 표기하면 다음과 같다.

항목	금액 (원)
기초 자본	100,000,000
+ 투자 자본(출자금)	20,000,000
+ 순이익(당기순이익)	30,000,000
− 인출금(사업자 인출)	(10,000,000)
= 기말 자본	140,000,000*

* 이 금액이 사업자의 최종 자본이 된다.

<해설>
· 기초 자본 : 회계 기간이 시작될 때의 자본 금액이다.
· 투자 자본(출자금) : 사업자가 새로 투자한 금액이다.
· 순이익 (당기순이익) : 해당 회계 기간 발생한 순이익이다.
· 인출금 (사업자 인출) : 사업자가 개인적으로 사용하기 위해 사업자금에서 인출한 금액이다.
· 기말 자본 : 회계 기간이 끝난 시점에서의 최종 자본 금액이다. 이는 '기초 자본+투자 자본+순이익−인출금'으로 계산된다.

5장

영업권 세무처리법

영업권과 세무상 쟁점

영업권은 법인전환 과정에서 반드시 검토해야 할 주제에 해당한다. 이를 누락하거나 세법 기준에 맞지 않게 측정해 대가를 주고받으면, 각종 세무상 쟁점들이 발생하기 때문이다. 다음에서 이에 대해 알아보자.

1. 영업권과 세무상 쟁점

1) 영업권

사업의 양도·양수 과정에서 양도·양수 자산과는 별도로 양도사업에 대한 허가·인가 등 법률상의 지위, 사업상 편리한 지리적 여건, 영업상의 비법, 신용·명성·거래처 등 영업상의 이점 등을 고려해 적절한 평가 방법에 따라 유상으로 양도나 양수되는 권리를 영업권이라고 부른다.*

* 이 책에서는 영업권과 권리금을 구분하지 않지만, 실무적으로 약간 차이가 있다(167페이지 Tip 참조).

☞ 사업의 양수도 과정에서 발생한 영업권은 개인사업체가 장부에 계상해 보유한 영업권을 말하는 것이 아니라, 사업을 양도하는 과정에서 새롭게 발생한 것을 말한다.

2) 영업권과 세무상 쟁점

사업의 양수도 과정에서 발생하는 영업권을 둘러싼 세무상 쟁점을 나열하면 다음과 같다.

첫째, 영업권은 어떤 경우에 발생하는가?
둘째, 영업권은 어떻게 측정하는가?
셋째, 영업권이 세법상의 기준과 차이 나게 평가되면 어떤 문제가 있는가?
넷째, 영업권이 정상적으로 평가된 경우 사업양도자와 양수자의 세무처리는 어떻게 하는가?
다섯째, 영업권을 생략한 채 사업양수도를 하면 어떤 문제가 있는가?

이러한 영업권 법인전환 과정에서 검토 없이 이를 지나치는 경우가 많고, 평가를 제대로 했더라도 다양한 세무처리에 혼란을 겪는 경우가 많다.

※ 영업권 양도자와 양수자의 세무처리법 비교

구분	영업권 양도자	영업권 양수자
발생 동기	유상으로 영업권 양도 (사업양수도, 현물출자, 자산양수도)	유상으로 영업권 양수
영업권 성격	· 기타소득 · 양도소득(부동산과 함께 양도 시)	무형자산
대가 수수	· 사업양도 : 현금 수령 · 현물출자 : 주식 수령	· 사업양도 : 현금 지급 · 현물출자 : 주식 교부
부가세 발생	· 10%(일반과세) · 포괄양수도 시 생략	· 좌동(환급) · 좌동
소득 지급 시 원천징수	–	기타소득 : 영업권소득×8.8%(기타소득 금액 기준 22%)
영업권 세금처리	· 기타소득 : 종합소득세 · 양도소득 : 양도세	5년 정액법으로 감가상각
영업권 저가 양도 (누락 포함) 시	소득법상 부당행위계산 적용	· 법인 : 저가 양수 인정 · 법인의 주주 : 증여세 과세(단, 사업양도자와 주주가 같으면 증여세 과세 안 됨)

2. 적용 사례

사례를 통해 앞의 내용을 확인해보자.

| 자료 |
· K 씨는 유통업을 영위하는 사업자로 현재 법인전환을 준비 중임.
· 세법상 순자산가액은 50억 원임.
· 순자산가액 외 별도로 평가한 영업권은 5억 원임.
· 자산 중에서는 사업용 부동산이 포함되어 있음.

Q1. K 씨는 사업양수도의 방법으로 법인전환을 하려고 한다. 이 경우, 영업권에도 부가세가 발생하는가?

그렇다. 영업권도 엄연히 부가세법상 재화에 해당하기 때문이다. 따라서 이 경우 5,000만 원의 부가세가 예상된다.

Q2. 이 부가세를 없애기 위해서는 어떻게 해야 하는가?

포괄양수도 방식으로 법인전환을 해야 한다.

Q3. K 씨의 부동산을 양도하면 양도세가 발생하며, 법인은 취득세가 발생한다. 양도세 이월과세와 취득세 감면을 받기 위해서는 법인 신설 시 설립자본금은 55억 원 이상이 되어야 하는가?

아니다. 영업권은 사업의 양수도 과정에서 발생한 것으로 순자산가액에 포함하지 않으므로 50억 원 이상이 되면 된다.

Q4. 자료상의 영업권 5억 원은 기타소득인가, 양도소득인가?

부동산과 함께 양도하는 영업권은 양도세 과세대상 중 기타자산에 해당한다. 따라서 사례의 영업권의 소득은 양도소득으로 구분한다.

Tip 영업권과 권리금의 비교

구분	영업권(Goodwill)	권리금(Premium)
정의	사업체가 가진 무형자산의 총체적 가치	사업체나 점포의 영업환경, 설비 등을 양도할 때 받는 대가
구성요소	고객 충성도, 상표 가치, 입지 조건, 명성 등	영업권리금, 시설권리금, 지역권리금 등
발생 시점	사업 운영 중 지속해서 존재	사업체나 점포의 양도·이전 시 발생
평가 방법	비재무적 요소를 포함한 사업체의 총 가치 평가	주로 시장 상황, 협상에 따라 금전적으로 평가
회계처리	재무제표에 무형자산(자가창설영업권은 제외 원칙)으로 기록(5년 정액법 상각)	좌동

영업권과 기업회계기준
(영업권은 어떻게 발생하는가?)

무형자산은 회계상 물리적 실체는 없지만 식별할 수 있고, 기업이 통제하고 있으며, 미래 경제적 효익이 있는 비화폐성 자산을 말한다. 이러한 무형자산에는 특허권이나 영업권 등이 포함된다. 이처럼 영업권은 기업회계기준과 밀접한 관련을 맺고 있다.

1. 기업회계기준에 따른 무형자산의 취득방법

기업회계기준에서는 재무상태표에 반영할 수 있는 무형자산의 취득형태를 다음 몇 가지로 구분하고 있다.

1) 개별 취득

이는 영업권이나 특허권 등을 개별적으로 돈을 주고 취득하는 것을 말한다.

2) 사업결합으로 인한 취득

여기서 사업결합이란, 회계상 용어로는 취득자가 하나 이상의 사업에 대한 지배력을 획득하는 거래나 그 밖의 사건을 말한다. 즉, 이를 알기 쉽게 풀이하면 사업자가 자신의 순자산을 신설된 기업에 이전하는 것 등을 말한다. 이에는 사업양수도나 현물출자 등을 포함하는 것으로 보인다.

3) 내부적으로 창출한 영업권

앞의 1)과 2)의 방법이 아닌 내부적으로 창출한 영업권(자가창출영업권)은 원가를 신뢰성 있게 측정할 수 없을 뿐만 아니라, 기업이 통제하고 있는 식별 가능한 자원도 아니므로 자산으로 인식하지 않는다.

☞ 개인사업을 법인으로 전환할 때 발생하는 영업권은 일반적으로 자가창설영업권의 성격을 띤다. 그러나 법인전환 과정에서 공식적인 거래가 이루어질 경우, 이는 회계 및 세법상 외부 거래로 인식되어 법인의 장부에 계상될 수 있다. 앞의 회계기준은 이러한 측면을 반영하고 있다.

2. 법인전환과 무형자산의 관계

사업자가 법인전환을 위해 법인을 설립할 때 영업권이나 특허권 등을 법인의 무형자산으로 계상할 수 있는 경우를 정리하면 다음과 같다.

1) 개별자산을 인수하는 경우

개인 자산 중 비품 같은 개별자산을 인수하면서 이때 영업권을 별도로 평가해 이에 대한 대가를 지급할 수 있다.

☞ 물론 영업권에 대한 평가액이 적절한지 아닌지는 별개로 확인해야 한다.

2) 사업을 양도·양수하는 경우

이는 기업회계기준상 사업결합의 하나의 유형이므로 대가를 지급하고 취득한 영업권 등은 무형자산으로 계상할 수 있다.

3) 현물출자를 하는 경우

현물출자도 기업회계기준상 사업결합 중의 하나의 유형이므로 개인의 순자산을 법인의 자본으로 출자하는 과정에서 법인이 취득한 영업권은 무형자산으로 계상할 수 있다.

Tip 사업결합(사업양수도나 현물출자 등) **시 영업권을 장부에서 누락하는 경우의 회계와 세법상 불이익**

회계	세법
· 자산의 과소 계상 : 무형자산을 장부에 계상하지 않으면 자산의 총액이 과소 계상되어 재무제표가 왜곡됨. 이는 기업의 실제 자산가치를 정확하게 반영하지 못함. · 수익성 및 재무 비율의 왜곡 : 자산이 과소 계상되면, 총자산 대비 수익성 비율, 자산 회전율 등 주요 재무 비율이 왜곡될 수 있음. 이는 투자자와 이해관계자들에게 잘못된 정보를 제공할 수 있음.	· 사업자 : 영업권 기타소득에 대한 추징이 발생함. · 법인 : 자산의 저가매수에 대해서는 세무조정 없음. · 법인의 주주 : 증여세 과세문제는 거의 없음(개인사업자와 법인의 주주가 일치).

영업권 측정 방법

이제 사업양수도 등의 과정에서 발생할 수 있는 영업권을 어떤 식으로 평가할 것인지 알아보자. 이러한 측정은 세무상 쟁점을 예방하는 관점에서 매우 중요한 의미가 있다.

1. 영업권 측정 방법

영업권은 다음의 둘 중 하나의 방법을 선택한다.

1) 외부의 감정기관을 통해 평가하는 방법

이는 외부의 감정기관을 통해 영업권을 평가하는 것을 말한다. 외부기관을 이용하는 경우에는 이에 대한 수수료가 발생할 수 있다.

2) 상증법에서 정한 방법으로 평가하는 방법

이 법에 따른 영업권의 평가는 상증령 제59조에서 계산한 초과이익 금액(❶)을 평가기준일 이후의 영업권 지속 연수(원칙적으로 5년으로 한다)를 고려하여 기획재정부령이 정하는 방법(❷)에 따라 환산한다.

❶ [최근 3년간(3년에 미달하면 당해 연수)의 순손익액의 가중평균액* × 50%
－(평가기준일 현재의 자기자본**×10%)]

❷
$$\frac{각 \ 연도의 \ 수입금액}{(1 + \dfrac{10}{100})n}$$

n : 평가기준일 때부터의 경과 연수

* 3년간의 순손익액의 가중평균액 : 비상장주식 평가 시 적용하는 상증령 제56조 제1항에 따라 산정한 가액을 말함. 즉 다음과 같이 가중평균액을 구함.
· [(3년 전 이익 × 1) + (2년 전 이익 × 2) + (1년 전 이익 × 3)] / 6
참고로 이 산식을 적용할 때 사업연도별로 산정한 1주당 순손익액 중 (－)가 발생한 사업연도가 있는 경우 해당 사업연도의 순손익액을 '0'으로 보지 않고 (－)그대로 계산하며(서일 46014-11475, 2002.11.7), 최근 3년간의 순손익액을 가중평균한 결과 순손익액이 '0'원 이하면 0원으로 평가하는 것임(상증령 제56조 제1항).

** 평가기준일 현재의 자기자본 : 평가기준일(법인전환일) 현재의 자산총계에서 부채총계를 뺀 금액을 말함.

☞ 3년간 순손익액의 가중평균을 위해서는 확정된 손익계산서가 있어야 한다. 따라서 사업연도 중에 법인전환을 하면 1년 치의 손익계산서가 아니므로 이를 제외한 그 이전연도의 손익계산서를 사용해야 한다.* 한편 자기자본은 평가기준일 현재를 기준으로 하므로 사업연도 중 법인전환을 하면 가결산을 해서 자기자본을 계산해야 한다.

* 법인전환일은 영업권 평가 등을 할 때 영향을 준다. 예를 들어 2025년 10월에 법인전환을 하면 영업권 평가 시 3년간의 순손익액의 가중평균액은 2022~2024 3년간의 손익을 기준으로 계산한다. 따라서 2025년의 매출과 이익이 늘어날 것으로 예상하면 2025년 중에 법인전환을 시도하면 도움이 될 수 있다. 다만, 영업권 평가에 필요한 자기자본은 법인전환일 현재인 2025년 10월을 기준으로 한다.

※ 간편법

[최근 3년간(3년에 미달하면 당해 연수)의 순손익액의 가중평균액×50%－(평가기준일 현재의 자기자본×이자율(10%)]×3.7908(기간 5년, 이자율 10%의 정상연금현가 계수)

3) 영업권 평가 방법의 선택

영업권 평가는 앞의 1)과 2) 중 하나를 선택할 수 있다. 따라서 어떤 방법을 선택할 것인지는 다음과 같은 원리에 따라 결정하도록 한다.

· **개인의 소득세 〉 법인의 법인세**(배당소득세 포함)

　⇒ **가급적 낮게 영업권 계상**

· **개인의 소득세 〈 법인의 법인세**(배당소득세 포함)

　⇒ **가급적 높게 영업권 계상**

2. 적용 사례

사례를 통해 앞의 내용을 확인해보자.

| 자료 |
· 최근 3년간 가중평균이익 : 5억 원
· 법인전환일 기준 자기자본 : 10억 원
· 영업권 탁상감정가액 : 10억 원
· 법인전환일 이전 사업소득 금액 : 2억 원(영업권소득 미포함)

Q1. 상증법상 영업권은 얼마나 되는가?

앞에서 본 식에 대입하면 다음과 같다.

· [**최근 3년간의 순손익액의 가중평균액**×50%−(자기자본×이자율(10%))]×
3.7908=5억 원×50%−10억 원×10%=1억 5,000만 원

Q2. 영업권을 상증법 또는 감정평가할 경우, 양도자는 얼마의 세금을
부담해야 하는가?

구분	상증법상 평가	감정평가
사업소득	2억 원	2억 원
+ 영업권소득(필요경비 60% 공제)	6,000만 원	4억 원
= 계	2억 6,000만 원	6억 원
× 세율	38%	42%
−누진공제	1,994만 원	3,594만 원
=산출세액	7,886만 원	2억 1,606만 원

Q3. 법인은 얼마만큼의 세 부담이 절감될까? 단, 법인세율은 19%가 적
용된다고 하자.

구분	상증법상 평가	감정평가
무형자산	1억 5,000만 원	10억 원
×세율	19%	19%
=산출세액	2,850만 원	1억 9,000만 원

Q4. 위의 결과를 정리하면?

구분	상증법상 평가	감정평가
소득세 증가분	7,886만 원	2억 1,606만 원
−법인세 절감분	2,850만 원	1억 9,000만 원
=현금유출액	5,036만 원	2,606만 원

이 경우, 상증법상 평가보다는 감정평가를 통해 영업권을 평가한 것이 현금유출 측면에서 유리한 것으로 나왔다. 참고로 이러한 결과는 주어진 상황에 따라 다른 결과가 나올 수 있음에 유의하자.

Tip 사업양수도 시 발생한 영업권 관련 세무처리법

사업양수도 과정에서 발생한 영업권을 둘러싼 세무처리법을 정리해보자.

구분	사업양도자	사업양수자(법인)
평가 방법	감정평가 또는 상증법상 평가	–
세금계산서	교부원칙(일반과세자). 단, 포괄양수도계약 시 교부 생략	–
원천징수	–	소득금액(경비율 60%)의 22% (반드시 이행해야 함)
소득 구분	· 기타소득 · 양도소득(부동산과 함께 양도 시)	무형자산으로 계상
신고 방법	· 기타소득→종합소득세 신고 · 양도소득→양도세 신고(장기보유특별공제 불가, 세율은 6~45%)	5년 균등 감가상각
양도세 이월과세	불가(영업권은 사업에 직접 사용한 자산에 해당 ×)	–
순자산가액 포함 여부	부동산 양도세 이월과세 적용 시 순자산가액에 포함하지 않음 (부외자산에 해당).	전환법인의 비상장주식 평가 시에는 순자산가액에 포함*

* 법인전환 후 사업 개시한 연도부터 3년 미만의 전환법인은 비상장주식 평가 시 순자산가액에 포함하지 않으나, 개인사업자가 무형자산을 현물출자 또는 양도해 법인 전환한 경우로서 개인과 법인의 통산 기간이 3년 이상이면 영업권을 가산한다. 참고로 부동산 등 비율이 80% 이상인 법인 등은 영업권을 순자산가액에 가산하지 않는데, 이에 관한 내용은 별도로 확인하기를 바란다.

영업권소득의 구분이
중요한 이유

앞에서 영업권의 소득이 두 가지로 구분된다는 것을 알 수 있었다. 이 부분은 영업권 세무실무에서 상당히 중요할 수 있는데, 그 이유는 이 소득의 구분에 따라 세무처리법이 확연히 달라지기 때문이다. 다음에서 영업권소득의 구분과 이에 대한 세무처리법에 대해 알아보자.

1. 영업권소득의 구분

1) 원칙

사업을 양수도하거나 현물출자 등을 하는 과정에서 발생한 영업권은 원칙적으로 기타소득에 해당한다.

· **영업권 양도자는 원칙적으로 세금계산서를 교부해야 한다**(단, 포괄양수도계약 시 이를 생략할 수 있다).

· **영업권소득에 대해서는 다음 해 5~6월 중에 종합소득으로 신고해야 한다. 이때 필요 경비율은 60%가 적용된다.**

· **영업권 양수자는 개인에게 대가를 지급 시 지급금액의 8.8%[*]로 원천**

징수해야 한다.

2) 예외

소득법에서는 부동산과 함께 양도하는 영업권은 양도세 과세대상인 기타자산으로 분류하고 있다(소득법 제94조 제1항 제4호 가목).

> **가. 사업에 사용하는 제1호(토지와 건물) 및 제2호(부동산 권리)의 자산과 함께 양도하는 영업권***
>
> * 영업권을 별도로 평가하지 아니하였으나 사회 통념상 자산에 포함되어 함께 양도된 것으로 인정되는 영업권과 행정관청으로부터 인가·허가·면허 등을 받음으로써 얻는 경제적 이익을 포함한다.

☞ 법인전환 시 부동산과 함께 양도하는 영업권은 기타자산으로 양도세가 과세된다. 따라서 다음과 같이 양도세를 계산해야 한다.

구분	부동산	영업권	계
양도가액	실제 양도가액	좌동	
−취득가액	실제 취득가액	좌동*	
=양도차익	×××	×××	×××
−장기보유특별공제	6~30%	적용 불가(권리)	
=양도소득 금액	동일 세율 적용 시 합산		
−기본공제	1회만 적용		
=과세표준	×××	×××	×××
×세율	보유기간에 따른 세율 등	6~45%(기타자산)	
=산출세액	×××**	×××	×××

* 법인전환 시 평가한 영업권은 취득가액이 없다. 다만, 감정평가를 받으면 이를 취득가액에 포함할 수 있을 것으로 보인다.

** 이월과세되는 양도세는 이월과세되는 부동산의 양도차익만 가지고 계산한다.

2. 적용 사례

사례를 통해 앞의 내용을 확인해보자.

| 자료 |
· K 씨는 사업양수도로 법인전환을 하고자 함.
· 이 과정에서 영업권이 1억 원 정도 되는 것으로 평가됨.
· 사업용 고정자산에는 부동산은 없음.

Q1. 법인전환 시 위 영업권에 대해 대가를 받으면 개인은 어떤 세금을 내는가?

사업을 양수도하면서 받은 영업권은 기타소득으로 보게 된다. 이때 필요 경비율은 60%다. 따라서 1억 원의 40%인 4,000만 원을 다른 사업소득 등에 합해 종합과세를 적용받게 된다.

Q2. 영업권 대가를 지급한 법인은 어떤 식으로 세무처리를 해야 하는가?

무형자산으로 계상하고 향후 5년간 감가상각을 통해 비용처리를 한다.

Q3. 개인과 법인의 두 관점에서 보면 영업권 계상이 도움이 되는가?

예를 들어 영업권이 1억 원(필요경비 공제 후 4,000만 원), 개인의 소득세율은 45%, 법인세율은 19%가 적용된다고 하자. 이외 지방소득세, 배당소득세 등은 고려하지 않는다.

· **개인의 소득세 증가 : 4,000만 원×45%=1,800만 원**
· **법인의 법인세 감소 : 1억 원×19%=1,900만 원**

☞ 영업권은 개인의 소득세를 증가시키나 법인의 법인세 등을 감소시킨
다. 따라서 이를 장부에 계상하는 것이 좋은지는 상황에 따라 달라
진다고 할 수 있다.

Q4. 영업권에 대해서는 세금계산서를 발급해야 하는가? 그리고 원천징
수는 반드시 이행해야 하는가?

먼저 일반과세자는 세금계산서를 발급해야 하며, 면세사업자는 계산서
를 발급해야 한다. 한편 해당 소득이 기타소득에 해당하는 경우에는 소득
을 지급하는 자는 무조건 원천징수의무가 있다. 양도소득에 해당하는 경
우에는 이러한 의무가 없다.

Q5. 만일 사례에서 영업권이 부동산과 함께 양도된 상태에서 발생했다
고 하자. 이렇게 되면 이에 대한 과세 방식은?

해당 영업권은 양도세 과세대상 중 기타자산에 해당해 부동산과 별도
로 양도세로 과세된다. 한편 해당 영업권에 대해서는 세금계산서를 발행
하는 것이 원칙이나 원천징수의무는 없다.

Tip 영업권 양수도에 따른 영수증 교부와 원천징수 처리법 비교

구분	부가세 과세유형	영수증 교부	원천징수
기타소득	일반과세자	세금계산서*	지급금액의 8.8% 무조건 징수해야 함.
	면세사업자	계산서	상동**
양도소득	위의 부가세 과세유형에 따름.	세금계산서*	원천징수의무 없음.

* 포괄양수도에 해당하면 세금계산서를 교부하지 않아도 된다.

** 면세사업자의 경우 원천징수를 하면 계산서를 교부하지 않아도 된다(소득령 제 211조 제5항).

영업권 양도소득과 양도세처리법
(이월과세 적용 여부 포함)

일반적으로 사업양수도나 현물출자를 하는 사업자군을 보면 사업용 고정자산에 부동산을 포함하는 경우가 많다. 제조업을 영위하면서 공장 등을 보유하는 경우가 이에 해당한다. 그런데 이러한 과정에서 영업권이 추가로 발생하면 이에 대한 소득처리를 두고 다양한 혼선이 발생할 수 있다. 따라서 영업권에 대한 양도소득과 관련된 세무상 쟁점을 말끔히 해소할 필요가 있다. 다음에서 이에 대해 알아보자.

1. 영업권 양도소득과 세무상 쟁점

부동산과 함께 양도하는 영업권은 양도세 과세대상 중 기타자산에 해당한다. 이 자산에 대한 양도세 과세 방식은 다음과 같다.

· **부동산과 별개로 과세된다**(단, 같은 해에 2회 이상 양도 시에는 양도소득 금액을 통산해 과세하는 것이 원칙이다)

· **부동산과 함께 영업권을 일괄 양도 시에는 적절한 기준으로 양도가액을 안분해야 한다.**

- 영업권 취득가액은 이의 취득에 실제 소요된 비용을 말하나, 사업양수도 과정에서 발생한 영업권은 사실상의 취득가액이 없다(감정평가를 한 경우 이의 금액이 포함되는지는 별도로 확인하기를 바란다).
- 영업권 양도차익에 대해서는 장기보유특별공제가 적용되지 않는다.
- 영업권에 대한 양도세율은 기타자산에 적용되는 세율 6~45%를 적용한다. 이에 대해서는 보유기간에 따른 세율이나 분양권에 적용되는 중과세율은 적용하지 않는다.
- 사업양수도 과정에서 발생한 영업권은 사업에 직접 사용하는 무형자산이 아니므로 양도세 이월과세에서 제외한다.

2. 적용 사례

사례를 통해 앞의 내용을 확인해보자.

| 자료 |
- K 씨는 다음과 같이 사업양수도로 법인전환을 했음.
- 부동산 양도차익 10억 원 발생(보유기간 10년)
- 영업권 5억 원 발생

Q1. 위 영업권소득은 기타소득인가, 양도소득인가?
양도소득에 해당한다.

Q2. 영업권소득이 양도소득이면 부동산 양도차익에 합산하는가?
아니다. 영업권 양도소득은 부동산 양도소득과 별개로 과세한다. 단,

세법은 한 해에 2회 이상의 양도소득이 발생하면 이를 합산해 세금을 정산하도록 하고 있다. 참고로 영업권소득이 부동산과 구분되지 않으면 감정평가액 등으로 구분한다.

※ 재산세과-2065, 2008.07.31(토지와 허가권을 일괄 양도 시 양도가액 안분계산)

토지와 영업권을 함께 취득하거나 양도하는 경우로서 당해 양도자산의 가액 구분이 불분명한 때에는 감정평가가액, 기준시가, 장부가액, 취득가액을 순차적으로 적용하는 것임.

Q3. 부동산과 영업권에 대한 양도세는 얼마인가? 단, 기본공제 250만 원은 적용하지 않는다.

구분	부동산	영업권	계
양도차익	10억 원	5억 원	15억 원
−장기보유특별공제	2억 원	0원	2억 원
=양도소득 금액	8억 원	5억 원	13억 원
−기본공제			0원(가정)
=과세표준			13억 원
×세율			45%
−누진공제			6,594만 원
=산출세액			5억 1,906만 원
지방소득세 포함 시 총 세액			5억 7,096만 원

Q4. 이 경우 이월과세되는 양도세는?

사업양수도 과정에서 임의평가된 영업권은 사업에 직접 사용되는 무형자산이 아니므로 이에 대해서는 이월과세가 적용되지 않는다(조심 2024중 2244, 2024.06.27 등). 따라서 다음과 같이 이월과세되는 금액을 계산해야 한다. 다만, 기본공제액은 없다고 가정하고 계산해보자. 이에 대한 구체적인 계산 방법 등은 8장에서 별도로 살펴보자.

· (8억 원-기본공제)×6~45%=8억 원×42%-3,594만 원(누진공제)=3억 6만 원*

* 지방소득세는 이월과세가 적용되지 않는다.

[절세 탐구]
영업권 누락과 세무상 쟁점

    개인사업 중에 이익이 많이 발생하거나 안정적인 가업 승계를 위해 법인전환을 하는 경우가 있다. 그런데 이익이 많은 상태에서 법인전환을 할 때 영업권을 빠뜨려 나중에 문제가 되는 경우가 많다. 세법은 이를 자산의 저가 양도로 보아 개인에 대해서는 소득세를 부과하고, 법인의 주주에 대해서는 증여세를 부과하는 방식으로 이에 대응하고 있기 때문이다. 다음에서는 법인전환을 할 때 발생하기 쉬운 영업권 누락에 따른 세무상 쟁점 등을 사례를 통해 알아보자.

> **| 사례 |**
> K 씨는 경기도에서 사업을 영위 중이다. 그런데 최근 이익이 급증해 법인으로 전환할 것을 검토하고 있다. 아무래도 개인보다는 법인의 세금이 더 저렴하기 때문이다. 다음 자료를 통해 사업양수도로 법인전환 시 궁금한 사항들을 정리해보자.

> **| 자료 |**
> · 법인전환 기준일 20×0년 12월 31일
> · 법인전환일 현재 자산 30억 원, 부채 20억 원
> · 20×3년 5억 원, 20×2년 5억 원, 20×1년 △1억 원 당기손익 실현

Q1. 영업권은 어떤 소득으로 구분되고 어떻게 세무처리하는가?

영업상의 비밀 등에 대한 대가를 영업권(권리금)이라고 한다. 세법은 부동산을 함께 양도하면서 받은 영업권 대가는 양도소득으로 보아 양도세를 매기고, 그 외는 기타소득으로 보아 종합소득에 합산해 과세한다. 이때 종합소득에 해당하는 경우에는 받은 금액의 40%를 다른 소득에 합산하며, 받을 때 원천징수된 세금(소득금액의 22%, 수입금액의 8.8%)은 기납부세액으로 종합소득 산출세액에서 차감한다.

Q2. 법인전환 시 영업권 평가를 누락하면 어떻게 되는가?

사업자가 자신이 만든 법인에 사업을 양수도할 때 영업권 대가를 받지 않으면 이는 저가 양도에 해당한다고 한다(조심 2018중 3003, 2018.11.16. 결정). 따라서 앞에서 본 것처럼 사업양도자에 대해서는 시가에 맞춰 기타소득을 추가로 과세하고, 사업양수자인 법인의 주주에게는 증여세를 부과하게 된다.*

* 단, 사업양도자가 법인의 주주이면 자기 자신에게 증여하는 것이 되어 증여세가 부과되지 않는다.

Q3. 위 사례에서 영업권 평가액은 얼마인가?

먼저 순손익액의 가중평균액을 구해보자.

· **최근 3년간의 순손익액의 가중평균액 :** [(5억 원×3)+(5억 원×2)+(△1억 원×1)]/6=4억 원
· **자기자본 :** 10억 원
· **초과이익 :** 4억 원×50%-10억 원×10%=2억 원-1억 원=1억 원

그리고 이 금액에 대해 간편법을 적용하면 영업권은 3억 7,908만 원(1억 원×3.7908)이 된다.

Q4. 이 사례의 경우, 세법상 어떤 문제가 있는가?

위에서 계산한 금액 3억 8,000만 원 상당액이 영업권소득인데, 이 금액이 누락되었다. 따라서 이 금액을 사업양도자의 기타소득으로 보고 관련 세금(가산세 포함)을 추징한다. 참고로 이때 영업권소득의 60%만큼은 필요경비로 인정된다. 한편 양수인인 법인은 저가로 인수한 금액에 대해서는 별다른 조치를 하지 않아도 된다. 저가로 양도하는 것은 자산 가액의 과소계상에 따라 감가상각비가 과소계상되고, 그 결과, 법인의 이익이 증가해 법인세로 흡수되었기 때문이다(따라서 향후 영업권 누락에 대해 소득세가 추징되는 경우, 해당 영업권은 법인의 무형자산으로 계상할 수 없다는 점에 유의해야 할 것으로 보인다. 유권해석을 통해 최종 확인하기 바란다). 한편 해당 법인의 주주가 K 씨에 해당하면 본인이 본인에게 증여하는 결과가 되므로 이에 대해서는 증여세 과세 문제가 없다. 따라서 증여세 과세 문제는 자녀 등이 주주가 되었을 때 검토대상이 된다.

Q5. 이 사례에서 얻을 수 있는 교훈은?

앞의 사례를 보면 법인전환 전 3개 연도에서 이익이 발생하면 세법상 영업권이 있는 것으로 보게 된다. 따라서 법인전환 시에 이에 대한 평가를 빠뜨리면 자산의 저가 양도에 해당해 관련 세금을 추징할 수 있다. 따라서 사업양수도를 통한 법인전환 시에는 세법상의 절차 등을 준수해 불필요한 세무위험을 일으키지 않는 것이 좋다.

※ 법인전환 시 영업권 누락과 세무상 쟁점

구분	개인사업자		법인		
	영업권 측정 방법	영업권 누락 시 소득세 추징	영업권 무형자산 감가상각비 계상	누락한 영업권	주주에 대한 증여세
자산양도	감정평가 또는 상증법상 평가	저가 양도로 보아 추징함.*	가능함 (5년 상각).	자산의 저가매입에 해당해 별도 세무조정 없음.	상증법 제45조의 5 증여의제 규정 적용**
사업양수도					
현물출자					

* 단, 실제 추징하는지는 불명확함.

** 각 주주에 대한 증여이익이 1억 원 이상이면 주주에게 증여세를 과세하는 것을 말함. 단, 해당 주주가 개인사업자면 이 규정에 따른 증여세 문제는 없음.

6장

사업양수도계약서와
세무상 쟁점

양수도계약서가
중요한 이유

전환 사업장의 순자산가액과 영업권 등이 확인되었다면 이제 법인전환에 바로 나설 수 있다. 다만, 이러한 사업에 대한 양도와 양수는 계약서에 관련 내용을 반영해야 향후 문제가 없다. 다음에서는 사업수도계약서상의 내용을 중심으로 계약당사자가 알아야 할 내용을 정리해보자.

1. 포괄양수도계약서(Assumption Agreement)

이 계약서는 주식, 부동산, 채권, 계약상 권리와 의무 등 다양한 자산과 부채를 하나의 계약을 통해 양수도할 때 사용된다.

2. 포괄양수도계약서와 세무상 쟁점

포괄양수도계약서는 정형화된 서식에 따라 작성하는 것은 아니다. 다만, 형식이 어떻든 이 계약서를 가지고 실무처리를 하고 향후 조사 등이 진행될 수 있으므로, 계약서에 들어가야 하는 내용을 최종적으로 점검하는 것이 좋을 것으로 보인다. 일단 계약서의 주요 내용에 따른 세무상 쟁점을 표로 요약해보자.

내용	세무상 쟁점
제1조 목적 이 계약은 양도인의 모든 자산과 부채를 양수인에게 포괄적으로 양수도하는 것을 목적으로 한다.	
제2조 사업의 양도 양수 방법 자산에서 부채를 차감한 순자산가액을 대가로 하여 갑의 사업 일체를 을에게 양도하기로 한다.	이는 두 가지 내용을 담고 있다. · 포괄양수도계약→부가세 면제 · 순자산가액 대가 지급→양도세 이월과세 등
제3조 자산과 부채의 평가 방법 자산과 부채는 장부가액을 원칙으로 하나, 부동산은 세법규정에 맞게 평가한다.	포괄양수도의 요건과 관련이 있다.
제4조 양수도 자산 및 부채 목록 양도인은 아래의 자산과 부채를 양수인에게 양도한다. · 자산 목록(예 : 부동산, 동산, 기계, 지적 재산권 등) · 부채 목록(예 : 대출금, 미지급금 등)	포괄양수도의 요건과 관련이 있다.
제5조 영업권 평가 방법 세법규정에 맞는 영업권은 원으로 평가하여 양수도 가액에 포함하기로 한다.	영업권에 대한 세무처리를 수반하게 된다.
제6조 대가 및 지급 조건 양수도 대가는 총 원으로 한다. 대금은 계약 체결일로부터 일 이내에 다음 계좌로 지급한다.(계좌 정보)	세 감면 포괄양수도의 경우에는 계약일로부터 3개월 이내에 대가가 지급되어야 한다.
제7조 사업자산과 부채의 이전 사업용 자산과 부채는 양수도 대가를 지급한 날로부터 일 이내에 모두 이전하기로 한다.	
제8장 종업원 승계 · 개인사업자의 전원을 법인이 신규채용, 퇴직금 계산 기간은 통산하기로 한다. · 퇴직금은 법인에서 지급하기로 한다.	
제9조 제세공과금 부담 전환 전에 발생한 제세공과금은 개인, 전환 후는 법인이 부담한다.	이월과세되는 양도세는 개인이 부담해야 할 성질의 세금이다.
제10조 기타 조항	비밀 유지, 분쟁 해결, 준거법, 계약의 효력 발생 조건 등

이 내용은 크게 다섯 가지 측면에서 중요성이 있다.

첫째, 부가세 면제를 위한 포괄양수도 요건을 충족하는가?
둘째, 세 감면을 위한 순자산가액을 정확히 계산했는가?
셋째, 영업권을 올바르게 계상했는가?
넷째, 사업양수도 대가를 정확히 반영했는가?
다섯째, 종업원 승계와 퇴직금 정산 방법을 반영했는가?

3. 적용 사례

사례를 통해 앞의 내용을 확인해보자.

| 자료 |
· K 씨는 제조업종을 영위 중임.
· 최근 3년간 매년 5억 원의 이익을 실현 중임.
· 현재 시점에서 다음과 같은 자산을 보유 중임.
  - 재고자산 : 5억 원
  - 기계장치 등 사업용 고정자산 : 5억 원

Q1. K 씨가 재고자산과 기계장치 등 사업용 고정자산을 외부에 양도하면 부가세는 얼마나 발생할 것으로 예상하는가? 단, K 씨는 일반과세자에 해당한다.

재고자산 등의 합계액이 10억 원이므로 이의 10%인 1억 원이 부가세에 해당한다.

Q2. 이 사업을 양수하는 법인은 일반과세자에 해당한다. 이때 부가세는 환급을 받을 수 있는가?

그렇다.

Q3. 앞의 물음을 통해 보건대, K 씨는 부가세를 징수하고 법인은 환급을 받게 되므로 국가로서는 세수확보의 실익이 없고, 거래상대자에게 불편함만 초래한다. 이에 세법은 일정 조건을 충족하면 부가세 없이 사업을 양수도할 수 있도록 하고 있다. 여기서 조건은 어떤 것을 말하는가?

사업장별로 그 사업에 대한 모든 권리와 의무를 포괄적으로 승계시키는 것을 말한다. 이를 포괄양수도계약이라고 한다.

Q4. K 씨는 재고자산과 기계장치 등을 10억 원으로 평가해 법인과 포괄양수도계약을 했다. 하지만 영업권에 대해서는 대가를 받지 않았다. 이 경우, 어떤 문제가 있을까?

세법은 사업자가 사업을 양도하면서 영업권에 대한 대가를 받지 않으면 이를 부당행위계산의 한 유형인 저가 양도로 본다. 이에 따라 세법에 따라 계산한 영업권소득을 기타소득으로 보아 관련 세금을 추징한다.

TIP 포괄양수도계약서(샘플)

사업포괄양수도계약서(예시)

갑
주소 :
상호 : A회사
사업자등록번호 :

을
주소 :
상호 : B회사
사어자등록번호 :

갑과 을은 사업의 포괄양수도계약을 다음과 같이 체결한다.

[제1조] 본 계약은 갑이 운영하고 있는 회사의 사업에 대한 일체의 권리와 일체의 의무를 을이 양수하고자 하는 데 그 목적이 있다.

[제2조] 갑은 부가세법 제6조 제6항의 규정에 의한 사업양도에 따른 부가세의 면제를 받기 위하여 ○○○○년 ○○월 ○○일 현재의 장부상 사업용 자산총액에서 부채총액을 차감한 잔액을 대가로 하여 을에게 사업 일체를 포괄적으로 양도한다.

[제3조] 을은 갑이 제출한 ○○○○년 ○○월 ○○일 현재의 재무상태표를 감리한 후 특별한 사항이 없는 한 양수할 자산(토지와 건물 제외)과 부채를 장부가액대로 평가해야 한다.

[제4조] 갑이 을에게 사업 전부를 양도하는 기일은 ○○○○년 ○○월 ○○일로 하고, 을은 사업양도가 종료되는 날까지 갑에게 대금을 완불해야 한다. 다만, 기일까지 사업양도에 따른 제반 법적 절차가 종료되지 않을 때는 갑, 을 쌍방협의로 이를 연장할 수 있다.

[제5조] 갑은 본 계약 체결 후 사업인수를 완료할 때까지 그 재산의 관리운영에 있어 선량한 관리자의 주의를 게을리하지 말 것이며, 또한 정상의 거래를 제외하고 재산에 영향을 미치는 중요한 사항에 관하여는 을의 사전승인에 의하도록 한다.

[제6조] 사업양수일 현재 갑과 거래 중인 모든 거래처는 을이 인수하여 계속 거래를 보장하도록 한다.

[제7조] 본 계약규정 이외에 사업양도, 양수에 관하여 협정할 사항이 발생한 경우에는 본 계약서 조항의 본뜻에 위배되지 않는 한 갑, 을 쌍방협의로 이를 시행한다.

[제8조] 갑은 을이 사업을 양수함에 따른 제반 절차를 수행하는 데 적극적으로 협조해야 한다.

[제9조] 을은 갑의 전 종업원을 신규채용에 의하여 전원 인수, 계속 근무케 함은 물론 을이 사업양수한 이후 퇴직자가 발생할 경우에는 종전 갑의 사업에서 근무하던 근속연수를 통산 인정하여 퇴직금을 지급기로 한다.

[제10조] 갑은 사업양수일 이전에 발생한 제세공과금(국세 및 지방세 포함) 일체를 책임지며, 을은 갑의 사업양도에 따른 비용 전부를 부담키로 한다. 이상의 계약 내용을 갑, 을 쌍방은 성실히 이행할 것을 약속하며 후일을 증명키 위하여 본 계약서 2통을 작성 각 1통씩 보관키로 한다.

붙임 : A 회사의 재무상태표(2000.00.00 현재)

　　　 A 회사의 자산부채명세서(2000.00.00 현재)

서기 ○○○○년 ○○월 ○○일

갑 : _____ (인)

홍　길　동

을 : _____ (인)

홍　길　동

포괄양수도 요건
재차 확인하기

재고업종 등을 영위하는 사업자가 법인전환을 할 때 가장 유의해야 할 세무상 쟁점은 바로 포괄양수도계약을 정확히 맺고 이에 따른 절차를 잘 이행하는 것이다. 다음에서는 포괄양수도의 요건에 대해 다시 한번 살펴보자.

1. 포괄양수도 요건

재고업종 등을 영위하는 사업자가 법인전환을 할 때는 다음과 같은 점에 유의해야 한다.

첫째, 사업용 자산 중 부가세 과세대상 자산에는 어떤 것들이 있을까?

일단 부가세가 발생하기 위해서는 사업자가 일반과세자에 해당해야 한다. 그리고 다음의 자산을 공급해야 한다.
· 상품, 제품, 원재료
· 공기구와 비품, 컴퓨터, 기계장치

· **사업용 건물**(토지는 제외)

· **영업권, 특허권 등**

둘째, 재고자산 등에 대한 부가세를 없애기 위해서는 어떻게 해야 할까?

포괄양수도계약을 정확히 맺어야 한다. 부가세법은 사업에 대한 권리와 의무를 포괄적으로 양도하면 이를 재화의 공급에서 제외한다.

2. 적용 사례

사례를 통해 앞의 내용을 확인해보자. K 씨는 현재 유통업을 영위하고 있다. 그는 현재 과도한 이익으로 법인전환을 검토 중이다.

| 자료 |

· 재무상태표

자산	부채
재고자산 5억 원 시설비 6,000만 원 차량 4,000만 원 임대보증금 1억 원 외상매출금 1억 원 미수금 2억 원	외상매입금 1억 원 미지급금 5,000만 원 은행차입금 1억 원 자본(순자산) 7억 5,000만 원
계 10억 원	계 10억 원

· 종업원 고용 현황
 - 정규직 종업원 : 3명
 - 비정규직 종업원 : 5명

Q1. 이 사업을 통째로 법인 등에 양도했을 때 자산에 대한 부가세는 얼마나 예상되는가?

총자산 중 다음의 자산에 대해서만 부가세가 발생한다.

· **공급가액 : 재고자산 5억 원+시설비 6,000만 원+차량 4,000만 원=6억 원**
· **부가세 : 공급가액×10%=6,000만 원**

Q2. K 씨가 법인전환을 할 때 일부 종업원이 퇴사할 수도 있는데, 이렇게 되면 포괄양수도의 요건을 충족하지 않는 것인가?

아니다. 아래의 해석을 참조하기를 바란다.

※ 사전-2015-법령해석 부가-0143, 2015.05.29

사업자가 영위하던 사업장을 양도하면서 해당 사업장의 외상매출채권·매입채무·미지급금·미수금 전부와 사업의 핵심적 구성요소가 아닌 일부 종업원만을 제외하고, 사업용 고정자산·상표사용권·영업비밀과 영업권 등을 포함한 주요 권리와 의무를 포괄적으로 승계시켜 사업의 동일성이 유지되는 경우에는 부가세법 제10조 제8항 제2호에 따라 재화의 공급으로 보지 아니하는 사업양도에 해당하는 것임. 다만, 외상매출채권·매입채무 및 일부 종업원을 제외하더라도 사업의 동일성이 유지되는 상황에 해당하는 지는 해당 사업의 특수성 및 거래의 실질 내용에 따라 사실판단할 사항임.

Q3. K 씨의 재무상태표에는 외상매출금과 미수금이 있다. K 씨는 외상매출금과 미수금을 제외한 자산과 부채를 포괄양수도하려고 한다. 이 경우에도 세법상 포괄양수도에 해당할까?

그렇다. 다만, 사업의 동일성을 상실하지 아니하는 범위 내에서 일부 자산과 부채를 제외해도 사업양도로 보는 것이나, 이에 해당하는지는 사실 판단할 사항이므로 주의해야 할 것으로 보인다(부가, 서면 인터넷방문상담 3 팀-1697 등 참조).

Q4. K 씨의 사업은 매년 이익을 꾸준히 내고 있다. 따라서 사업을 법인에 양도하면 영업권이 발생할 것 같은데, 이에 대해서는 부가세가 발생하는가?

영업권도 무형자산에 해당하므로 당연히 부가세가 발생한다. 다만, 포괄양수도계약을 맺으면 이를 생략할 수 있다.

포괄양수도계약 이행과
이후의 세무처리법

포괄양수도계약의 내용이 확정되었다고 하자. 이후 어떤 절차에 따라 계약이 이행되는지, 그리고 계약 이후의 세무처리법 등은 어떻게 되는지 알아보자.

1. 사업양도자와 양수자의 계약이행 절차

1) 사업양도자

사업양도자는 계약 전에 특별한 절차 없이 계약서에 서명하면 된다. 다만, 이때 다음의 것 정도는 확인할 필요가 있다.

· **순자산가액의 확인**

· **영업권의 확인**

· **승계되는 종업원과 퇴직금 지급의무**

· **미지급세금**(이월과세되는 양도세) **등**

2) 사업양수자

사업양수자가 법인이면 법인의 경영에 막대한 영향을 미치기 때문에 사업에서는 다음과 같은 절차를 두고 있다. 다만, 실무적으로는 요식행위를 갖추면 문제점은 거의 발생하지 않는다.

※ 법인의 사업양수 절차

구분	내용	관련 법 조항
1. 이사회 결의	사업양수와 관련한 중요한 경영 사항을 결정하기 위해 이사회 결의가 필요함.	상법 제393조
2. 주주총회 결의	사업양수가 회사에 큰 영향을 미치면 주주총회 특별결의 필요함(출석 주주의 3분의 2 이상의 찬성 필요).	상법 제374조
3. 계약 체결	양수 대상 자산, 양수 금액 및 조건 등을 명시한 사업양수 계약 체결	-
4. 공시 및 신고	관련 규제 당국에 사업양수 사실을 공시 또는 신고(상장회사의 경우 금융위원회, 한국거래소에 공시 필요)	상법 제186조
5. 채권자 보호 절차	채권자에게 사업양수 사실을 통지하고, 이의 처리 절차 진행	상법 제527조의 5
6. 자산 이전 및 등기	양수 자산에 대한 이전절차*를 완료하고, 재산권 이전을 위한 등기 등의 법적 절차 진행	민법, 부동산등기법 등 관련 법령
7. 사후관리	인수된 자산 및 인력에 대한 통합, 운영 계획 수립 및 경영 계획 실행	-

* 다음과 같이 이전절차를 밟는다.
 · 부동산 : 실거래가 신고(계약일~30일 내 관할 지자체), 소유권이전 등기
 · 차량, 등록 기계 : 차량은 등록사업소, 등록 건설기계는 관할 지자체 등에 신청
 · 예금과 차입금 : 은행 등
 · 공장등록 : 관할 지자체
 · 감가상각 방법과 재고자산 평가법 : 관할 세무서(사업 첫해 법인세 신고 시)

2. 포괄양수도계약 후 발생하는 세무처리

1) 사업양도자(개인사업자)

포괄양수도 계약일은 개인사업체의 폐업일이자 법인전환일이 된다. 따라서 다음과 같은 후속 조치가 발생한다.

① 폐업 신고

세법에서는 지체 없이 신고하도록 하고 있다. 실무적으로 부가세 신고와 함께 폐업 신고를 한다.

② 부가세 신고

과세기간 개시일부터 폐업일까지의 매출과 매입에 따른 세액을 폐업일이 속한 달의 다음 달 25일까지 신고한다.

③ 소득세 신고

1월 1일부터 폐업일까지의 수입과 비용에 대해 다음 해 5월(성실신고확인 대상자는 6월) 31일까지 신고한다.

2) 사업양수자(법인)

사업양수자는 포괄양수도계약에 따른 별다른 세무처리는 없으며, 다음 해 3월 31일까지 법인세 신고를 하면 된다(12월 말 법인의 경우).

사업양수도 당사자의
회계처리

이제 사업양수도계약에 대한 절차가 끝났다고 하자. 그렇다면 사업양수도 당사자는 어떤 식으로 최종적으로 회계 정리를 하는지 다음에서 확인해보자.

1. 사업양수도와 회계처리

1) 사업양도자

사업양도자는 자산과 부채를 모두 법인에 인계하고 자산과 부채의 차액을 대가로 지급받는다.

(차) 은행대출금 ××× 　　퇴직급여충당부채* ××× 　　미수금 ×××	(대) 재고자산 ××× 　　유형자산 ××× 　　영업권 ×××

* 퇴직급여충당금과 같은 용어에 해당한다.

예를 들어, 법인에 양도한 총자산이 10억 원이고 총부채가 5억 원이라면 법인으로부터 차액 5억 원을 받게 된다.

2) 사업양수자

사업양수자인 법인은 자산과 부채를 모두 인수하고 자산과 부채의 차액을 대가로 지급한다.

(차) 재고자산 ×××	(대) 은행대출금 ×××
유형자산 ×××	퇴직급여충당부채 ×××
영업권 ×××	미지급금 ×××

예를 들어, 법인이 인수한 총자산이 10억 원이고 총부채가 5억 원이라면 법인은 차액 5억 원을 지급하게 된다. 만일 5억 원을 지급하면 다음과 같이 회계처리를 한다.

(차) **미지급금 5억 원** (대) **현금 5억 원**

2. 적용 사례

K 씨는 유통업을 영위 중에 사업양수도의 방법으로 법인전환을 하려고 한다. 다음 자료를 보고 물음에 답해보자.

| 자료 |
· 법인전환일 : 20×4년 12월 31일
· 퇴직급여 반영하기 전 소득금액 : 1억 원
· 영업권 평가액 : 5억 원
· 재무상태표

당초		전환 시	
자산 재고자산 5억 원 유형자산 5억 원	부채 5억 원	자산 재고자산 5억 원 유형자산 5억 원	부채 은행 대출 5억 원 퇴직급여충당부채 1억 원
	자본 5억 원		자본 4억 원
계 10억 원	계 10억 원	계 10억 원	계 10억 원

Q1. 사업양도자의 사업양도에 따른 자산과 부채에 대한 회계처리는?

(차) 은행대출금 5억 원 　퇴직급여충당부채 1억 원 　미수금 9억 원	(대) 재고자산 5억 원 　유형자산 5억 원 　영업권 5억 원

이 사업자는 본 사업의 양도로 인해 순자산가액과 영업권을 합해 9억 원을 법인으로부터 받게 된다.

Q2. 사업양수자의 사업양수에 따른 자산과 부채에 대한 회계처리는?

(차) 재고자산 5억 원 　유형자산 5억 원 　영업권 5억 원	(차) 은행대출금 5억 원 　퇴직급여충당부채 1억 원 　미지급금 9억 원

Q3. 소득세는 얼마나 증가하는가?

법인전환의 과정에서 퇴직급여가 1억 원 추가되면 소득금액이 0원이 되어 소득세가 발생하지 않게 된다.

- **· 퇴직급여 반영하기 전 소득금액 : 1억 원**
- **- 퇴직급여 : 1억 원**
- **= 소득금액 0원**

Tip 종업원 관련 후속 업무처리

사업양수도로 법인전환 시 종업원도 원칙적으로 승계되는 것이 원칙이다. 그렇다면 이와 관련해 후속 업무처리는 어떻게 하는지 대략 정리해보자.

① 개인사업장에서 퇴사처리한 경우
· 개인사업장에서 퇴사처리 시 중도퇴사자 연말정산과 지급명세서 제출 그리고 4대 보험 상실 신고를 한다.
· 개인사업장에서 퇴직금을 지급하면 이에 대해 원천징수를 하고 신고한다.

② 전환법인에서 퇴사처리한 경우
· 기존 개인사업장에 있던 종업원의 고용과 퇴직급여충당금(부채) 등을 승계하였다면, 현실적인 퇴직에 해당하지 않으므로 법인에서 종업원에 대해 연말정산을 하는 한편 이에 대한 지급명세서를 제출한다. 한편 4대 보험은 신규로 가입한다.
· 법인에서 연말정산 시 개인사업장의 총급여내역 등을 종전 근무지란에 합산한다.
· 퇴직금을 법인이 지급하는 경우 퇴직금 계산 기간은 계약에 따라 개인사업장과 법인의 근속기간을 통산할 수 있다.

※ 소득세법 기본통칙 137-0…3(기업 형태 변경 시의 근로소득 세액의 연말정산)

개인기업이 법인기업으로 기업 형태를 변경하고 당해 개인기업의 종업원을 계속 고용하며 퇴직급여충당금을 승계하는 때에는 그 종업원에 대한 근로소득의 연말정산은 당해 법인이 할 수 있다.

※ 소득세 집행기준 22-43-1 [현실적인 퇴직의 범위]

① 다음 각호의 어느 하나에 해당하는 사유가 발생하였으나 퇴직급여를 실제로 받지 아니한 경우는 퇴직으로 보지 아니할 수 있다.
  1. 종업원이 임원이 된 경우
  2. 합병·분할 등 조직변경, 사업양도, 직·간접으로 출자 관계에 있는 법인으로의 전출 또는 동일한 사업자가 경영하는 다른 사업장으로의 전출이 이루어진 경우
  3. 법인의 상근임원이 비상근임원이 된 경우
  4. 비정규직 근로자가 정규직 근로자로 전환된 경우

[절세 탐구]
현물출자 계약서와 세무상 쟁점

현물출자계약도 포괄양수도계약처럼 정형화된 서식이 있는 것이 아니다. 이에 대한 계약서의 주요 내용에 따른 세무상 쟁점을 표로 요약하면 다음과 같다.

내용	세무상 쟁점
제1조 목적 이 계약은 양도인의 모든 자산과 부채를 법인에 포괄적으로 현물출자하는 것을 목적으로 한다.	
제2조 사업의 현물출자 방법 자산에서 부채를 차감한 순자산가액을 대가로 하여 갑의 사업 일체를 을에게 현물로 출자하기로 한다.	이는 두 가지 내용을 담고 있다. · 포괄양수도계약→부가세 면제 · 순자산가액 현물출자→양도세 이월과세 등
제3조 자산과 부채의 평가 방법 자산과 부채는 감정평가를 원칙으로 한다.	상법상 현물출자 시에는 감정평가를 원칙으로 한다. 법원 확인절차가 있기 때문이다.*
제4조 양도자산 및 부채 목록 양도인은 아래의 자산과 부채를 양수인에게 포괄 현물로 출자한다. · 자산 목록(예 : 부동산, 동산, 기계, 지적 재산권 등) · 부채 목록(예 : 대출금, 미지급금 등)	포괄양수도의 요건과 관련이 있다.
제5조 영업권 평가 방법 세법규정에 맞는 영업권은 원으로 평가하여 현물출자가액에 포함하기로 한다.	영업권에 대한 세무처리를 수반하게 된다.
제6조 현물출자에 대해 교부할 주식의 종류와 수 '을'은 제2조에 정한 방법에 따라 계산된 금액에 상당하는 액면의 보통주식을 '갑'에게 교부해야 한다.	
제7조 사업자산과 부채의 이전 사업용 자산과 부채는 현물출자일로부터 일 이내에 모두 이전하기로 한다.	

제8장 종업원 승계 · 개인사업자의 전원을 법인이 신규채용, 퇴직금 계산 기 간은 통산하기로 한다. · 퇴직금은 법인에서 지급하기로 한다.	· 포괄양수도 요건과 관련이 있다. · 퇴직금에 대한 비용처리 및 퇴직 금 지급의무는 별개로 정리해야 한다.
제9조 제세공과금 부담 전환 전에 발생한 제세공과금은 개인, 전환 후는 법인이 부담한다.	이월과세되는 양도세는 개인이 부담해야 할 성질의 세금이다.
제10조 기타 조항	(비밀 유지, 분쟁 해결, 준거법, 계약의 효력 발생 조건 등)

* 사업양수도와 차이가 나는 부분이다. 참고로 사업포괄현물출자계약서(샘플)는 저자의 카페에
서 확인할 수 있다.

7장

법인전환을 위한 법인설립 시 주의할 점

법인전환 시 법인설립과
세무상 쟁점

사업양수도계약서의 내용이 어느 정도 확정되었다면 언제든지 법인전환을 할 수 있다. 물론 이때 개인사업자의 순자산가액 등을 받아줄 법인이 필요하다. 그렇다면 여기서 법인은 설립 시 제한이 있을까? 다음에서는 주로 법인전환의 관점에서 법인설립과 관련된 세무상 쟁점에 대해 알아보자.

1. 법인전환의 유형과 법인설립과의 관계

법인전환과 관련한 유형은 크게 세 가지 방식이 있다. 이에 따른 법인설립 시에 어떤 제한이 있는지 등을 점검해보자.

1) 자산양수도

개인이 사업용 자산을 법인에 양도할 때 해당 법인은 기존법인도 가능하고 신설법인도 가능하다. 이때 신설법인의 주주 구성에는 제한이 없다.

2) 사업양수도

개인이 사업을 법인에 양수도할 때에도 기존법인도 가능하고 신설법인도 가능하다. 물론 주주 구성에도 제한이 없다. 다만, 사업용 자산에 부동산이 포함되고, 이에 대해 양도세 이월과세와 취득세 감면이 필요한 경우에는 다음과 같은 제한이 있다.

· **개인사업자가 신설법인의 발기인**(창립구성원)**이 될 것**
· **전환 사업장의 순자산가액 이상 현금을 출자할 것**
· **법인설립일로부터 3개월 이내에 사업을 양수도할 것**
☞ 따라서 개인사업자는 본인의 순자산가액 이상의 현금을 자본금으로 출자해야 하는 부담을 안게 된다.

3) 현물출자

개인이 순자산을 법인에 현물출자할 때에도 기존법인도 가능하고 신설법인도 가능하다. 물론 주주 구성에도 제한이 없다. 다만, 사업용 자산에 부동산이 포함되고 이에 대해 양도세 이월과세와 취득세 감면이 필요한 경우에는 다음과 같은 제한이 있다.

· **전환 사업장의 순자산가액 이상 현물을 출자할 것**
☞ 현물출자의 경우에는 순자산 가액 이상만 현물을 출자하면 된다. 앞의 세 감면 사업양수도 방식과는 차이가 있다.

2. 적용 사례

K 씨는 유통업을 영위하고 있는 일반과세자로 법인전환을 통해 사업을 진행하려고 한다. 다음 자료를 보고 물음에 답해보자.

| 자료 |
- 매출 : 1월 1일~9월 30일 기준 10억 원
- 비용 : 1월 1일~9월 30일 기준 7억 원
- 자산(장부가액) : 총 10억 원(재고자산 5억 원, 사업용 고정자산 3억 원, 기타 2억 원
  은 금융자산)
  * 사업용 고정자산 : 인테리어 1억 원, 컴퓨터 등 비품 1억 원, 승용차 1억 원
- 부채 : 총 5억 원
- 종업원 : 10명

Q1. K 씨는 포괄양수도계약을 맺은 후 10월 1일부터 법인으로 사업을 진행하려고 한다. 그렇다면 법인전환 준비는 언제부터 해야 하는가?

사업양수도에 따른 법인전환은 1~3개월 정도 시간이 소요되므로 늦어도 8월 초부터 시작하면 될 것으로 보인다.*

* 자세한 일정은 저자의 카페로 문의해도 된다.

Q2. 포괄양수도를 위해서는 반드시 법인을 신설해야 하는가?

아니다. 부가세를 없애기 위한 포괄양수도는 기존법인이나 다른 사업자에 양도해도 문제가 없다.

Q3. 법인을 설립할 때 전환 사업장의 순자산가액 이상으로 현금을 출자해야 하는가?

재화의 공급으로 보지 않는 사업양수도의 경우, 이 요건이 없다. 이러한 요건은 부동산이 포함된 경우로서 양도세 이월과세 등을 적용받을 때 필요하다(세 감면 사업양수도). 두 규정을 혼동하면 안 된다.

Q4. 법인을 설립할 때 K 씨가 주식을 모두 가져야 하는가?

아니다. 법인은 설립할 때 주주 구성은 마음대로 해도 된다. 따라서 K 씨가 주주에서 빠져도 되고, 주식 일부를 가져도 된다. 사업자와 신설된 법인은 연관 관계가 없기 때문이다.

☞ 사업용 고정자산에 부동산이 포함된 경우에는 사업자는 양도세 이월과세가 필요하고, 법인은 취득세 감면이 필요하다. 이를 위해서는 조특법과 지특법에서 규정하고 있는 감면요건을 충족해야 한다. 이때 감면요건에는 개인사업자가 신설법인의 발기인으로 참여하고, 전환 사업장의 순자산가액 이상으로 현금을 출자하도록 하고 있다.[*]

[*] 따라서 전환 사업장에 부동산이 없어 양도세가 발생하지 않으면 이러한 요건은 따질 필요가 없다.

Q5. 포괄양수도계약은 법인설립 등기 전에 해도 되는가?

포괄양수도계약은 계약서 초안을 미리 만들어둔 후 법인이 설립되자마자 개인사업자와 법인이 정식 서명을 날인하는 것을 원칙으로 한다.

법인설립 일반 절차

　　현실적으로 법인*은 주로 주식회사의 형태로 설립을 많이 하고 있는데, 주식회사의 설립 등에 대해서는 상법에서 규율하고 있다(주식회사와 유한회사의 선택은 Tip을 참조하기를 바란다). 다음에서 법인의 설립 절차에 대해 간략히 살펴보고자 한다. 주식회사의 설립 절차는 '정관의 작성 → 법인의 실체구성 →설립등기' 순으로 이루어진다.

　　* 이 책에서 법인은 영리 목적으로 설립된 회사를 말한다. 따라서 법인과 회사를 같은 의미로 사용하고 있다.

1. 정관의 작성

　　'정관'은 회사의 조직과 활동에 대한 기본규칙에 해당하는 것으로서, 사업 목적, 상호, 회사가 발행할 주식의 총수, 1주의 금액 등을 기재하도록 법정 되어 있다. 정관은 법인의 중요한 내용이 들어 있기 때문에 반드시 공증인의 인증을 받아야 한다(상법 제292조). 인증을 받지 않으면 정관 자체가 무효가 된다(단, 자본금 10억 원 미만인 회사는 제외).

☞ 상법 제289조(정관의 작성, 절대적 기재 사항)

① 발기인은 정관을 작성하여 다음의 사항을 적고 각 발기인이 기명날인 또는 서명해야 한다.

   1. 목적

   2. 상호

   3. 회사가 발행할 주식의 총수

   4. 액면주식을 발행하는 경우 1주의 금액

   5. 법인의 설립 시에 발행하는 주식의 총수

   6. 본점의 소재지

   7. 회사가 공고를 하는 방법

   8. 발기인의 성명·주민등록번호 및 주소

2. 법인의 실체구성

'법인의 실체구성'은 주주를 확정하고 자본을 모집하고 회사의 기관을 구성하는 단계를 말한다.

자본을 모집하는 방법에는 발기설립과 모집설립이 있다. '발기설립'은 발기인이 주식의 총수를 인수하는 방법을 말하며, '모집설립'은 자본 일부를 별도의 주주로부터 청약을 받아 모집하는 방법을 말한다. 현실적으로는 비교적 설립이 쉬운 발기설립이 선호되고 있다.

☞ 자본금을 조달할 때는 실제 자본금을 납입할 수 있도록 해야 한다. 설립 후에 자본금을 인출하면 상법과 세법 등에서 다양한 규제를 하기 때문이다. 한편 이사(대표이사) 및 감사의 수와 그 범위 그리고 겸업 금지 의무 등에 대해서는 법인설립 당시에 점검해보기를 바란다.

3. 설립등기

발기설립의 경우, 검사인의 설립 경과 조사 등의 절차 완료일로부터 2주 이내에 '법인설립등기신청서'에 정관과 주식 인수를 증명하는 서류 등을 첨부하여 본점 소재지 담당등기소에 설립등기를 신청한다(상법 제317조). 설립등기를 함으로써 법인격이 취득되어 법인의 이름으로 영업활동을 할 수 있게 된다.

1) 법인설립신고

법인설립신고는 설립등기를 한 날로부터 2개월 이내에 본점 소재지 관할 세무서장에게 소정의 서류(등기부 등본, 임대차계약서, 주주 등의 명세 등)를 첨부해 신고하는 것을 말한다. 법인설립신고 시 구비서류는 다음과 같다.

· **법인설립신고서**
· **법인등기부 등본**(2003년부터 첨부 생략)
· **정관**
· **주주 등의 명세, 임대차계약서 사본 등**

2) 사업자등록

사업자등록은 법인설립신고와 같이 할 수 있다.

Tip 주식회사와 유한회사의 선택 기준

아래는 챗GPT에 질문해서 얻은 답변에 해당한다.

구분	주식회사	유한회사
자본 조달 및 공개	· 주식 발행을 통해 자본 조달 가능 · 상장해 공개 시장에서 거래 가능	· 출자금 납입으로 자본 조달 · 상장 불가
기업 규모 및 성장 가능성	· 대규모 사업에 적합 · 세계 시장 접근 가능	· 중소기업 및 가족기업에 적합 · 상대적으로 제한된 성장 가능성
경영 및 관리	· 복잡한 경영 구조(주주총회, 이사회, 감사 등) · 전문적 관리 가능	· 간단한 경영 구조 · 출자자 직접 운영 가능
책임 및 위험 분담	· 주주들은 출자한 금액만큼 책임 · 개인 자산 보호	· 출자자들은 출자한 금액만큼 책임 · 개인 자산 보호
세무 및 회계	· 복잡한 회계 및 세무처리 · 기업 공개와 관련된 규제 준수 필요	· 상대적으로 간단한 세무 및 회계처리 · 공개 의무가 적음.
법적 규제 및 규정 준수	상장 및 기업 공개와 관련된 법적 규제 많음.	상장 불가와 관련된 법적 규제와 의무가 적음.
임원 중임 등기의무	있음(임원의 임기는 3년 원칙). ☞ 중임 등기의무 위반 시 과태료 있음.	없음.

법인설립 전에 검토해야 할
주요 내용

법인을 설립하기 전에 본점 소재지나 자본금, 주주 등의 결정은 조금 더 신중해야 한다. 이에 대해서는 다양한 세무상 쟁점 등이 발생하기 때문이다. 다음에서 이에 대해 알아보자.

1. 법인설립 전 주요 검토해야 할 내용

1) 사업 목적의 결정

법률에 저촉되지 않는 한 모든 내용을 사업 목적에 넣을 수 있다. 이때 사업 목적의 범위를 벗어난 사업을 영위하면 관련 법 등에 따라 제재를 받을 수 있으나, 세법은 이에 대해 별다른 제재를 하지 않는다.

☞ 법인전환 시 포괄양수도 시점에서는 같은 업종을 영위하고 있어야 한다. 물론 사업을 양수한 후에는 업종을 변경해도 문제가 없다.

2) 본점 소재지의 결정

이는 취득세 중과세와 관련이 있다. 수도권 과밀억제권역 내에서 설립된 법인이 이 지역 내의 부동산을 취득한 경우에 이러한 문제가 발생한다. 다만, 아래의 경우에는 중과세의 문제가 없다.

· **과밀억제권역 밖에서 설립한 경우**

· **과밀억제권역 밖의 부동산을 취득한 경우**

· **중과제외업종에 해당하는 경우 등**

☞ 법인과 관련된 취득세 중과세는 주로 수도권 과밀억제권역 내에서 설립한 법인에 적용된다.

3) 자본금의 결정

자본금은 제한이 없다(상법 제329조). 따라서 100원짜리 법인도 존재할 수가 있다. 다만, 자본금이 부족하면 운영자금이 부족하게 되어 결국 차입금에 의존하게 되는데, 이렇게 되면 재무제표 모양새가 좋지 않으므로 이 부분을 감안해 그 크기를 결정해야 한다.

☞ 법인전환 시 자본금 납입은 현금이든 현물이든 모두 가능하다. 다만, 현물출자의 경우, 법인의 이해관계인에게 많은 영향을 미치므로 상법에서 다양한 규제를 두고 있다. 아래의 내용을 참조하기를 바란다.

※ 상법상 현물출자에 관한 규정

구분	내용	관련 법 조항
현물출자의 정의	금전 이외의 재산(부동산, 동산, 채권, 기술 등)을 자본금으로 출자하는 방식	상법 제290조
감정평가	현물출자의 경우, 자산의 가치를 정확하게 평가하기 위해 법원이 선임한 검사인의 감정이 필요할 수 있음.	상법 제299조, 제421조
변태설립사항	현물출자는 '변태설립사항'에 해당하며, 설립 시 정관에 이를 기재해야 함.	상법 제290조

구분	내용	관련 법 조항
현물출자의 절차	현물출자를 통해 발행된 주식 수와 그에 상응하는 자산의 가치를 명확히 기재하고, 주주총회에서 승인을 받아야 함.	상법 제299조, 제416조
감사인 조사 및 보고	현물출자가 있는 경우, 감사인은 해당 자산의 공정성과 적정성을 조사하고 이를 보고해야 함.	상법 제416조
신주 발행 시 현물출자	신주를 발행할 때 현물출자가 포함될 경우, 이사회 결의 후 검사인 조사와 감정평가를 통해 적정성을 확보해야 함.	상법 제416조, 제422조
채권자 보호 절차	현물출자로 인해 회사의 자본금이 감소하는 경우 채권자의 보호 절차를 진행해야 함.	상법 제232조
현물출자의 유효성 요건	현물출자는 재산의 소유권 이전이 법적으로 완료되어야 하고, 출자된 자산은 회사의 자산으로 편입되어야 함.	민법, 부동산등기법 등 관련 법령
법률적 책임	현물출자에 대해 고의 또는 중대한 과실로 인해 회사에 손해를 끼친 이사는 손해 배상 책임을 질 수 있음.	상법 제401조, 제403조

4) 주주의 결정

주주는 법인의 주인으로서 주식을 보유한 자를 말한다. 이러한 주주는 자본을 내게 되므로 가족을 중심으로 구성해도 된다. 자녀를 포함해 가족이 주주가 되면 향후 배당을 받을 때 유리할 수 있다.

※ 상법 제331조(주주의 책임)

주주의 책임*은 그가 가진 주식의 인수가액을 한도로 한다.

* 법인이 대출을 갚지 못하면 파산이 될 수 있는데, 이때 대표이사, 대주주 등은 개별적으로 채무부담의 책임에서 벗어날 수 있다(유한책임).

☞ 법인전환 시 주주는 개인사업자가 현금이나 현물을 출자하게 되므

로 기본적으로 이들이 대부분 주식을 보유하게 된다. 따라서 자녀 등에게 사업을 승계할 때는 별도의 방안을 마련해야 한다. 이에는 다음의 두 가지가 있다.

· **가업 승계를 위한 주식의 사전증여 시→조특법 제30조의 6에서 규정한 요건의 충족 시 증여가액에서 10억 원을 공제하고 세율을 100분의 10**(과세표준이 120억 원을 초과하는 경우 그 초과금액에 대해서는 100분의 20)**으로 해서 증여세를 부과한다.**

· **가업상속공제의 적용 시→10년 이상 가업을 영위한 상태에서 상속이 발생하면 300~600억 원 한도에서 상속공제를 적용한다**(상증법 제18조의 2).

5) 임원의 결정

법인의 임원은 이사와 감사를 말한다. 현행 상법은 자본금이 10억 원 미만이면 이사는 1명 이상, 감사는 없어도 되는 것으로 하고 있다. 따라서 이사가 1명인 경우에는 그가 경영자가 되고, 이사회도 1인으로 구성할 수 있게 된다. 따라서 이러한 법인을 실무에서 '1인 법인'이라고 한다.

☞ 법인전환 시 주식은 대부분 개인사업자가 보유하는 경우가 많지만, 자녀 등이 임원으로 등재되는 경우가 많다. 이렇게 미리 경영에 참여하면 가업 승계 시 유리한 조건을 충족할 수 있다.

2. 적용 사례

사례를 통해 앞의 내용을 알아보자. 다음 물음에 대해 알아보자.

Q1. 법인전환을 할 때 업종을 추가해도 포괄양수도가 성립하는가?

아니다. 사업양수 이후에 업종을 추가하거나 변경해야 한다.

Q2. 수도권 과밀억제권역 내에서 사업양수도를 통해 법인전환을 하면 취득세 중과세가 적용될 수 있는가?

그렇다. 지방세법 제13조가 적용되기 때문이다. 다만, 법인전환에 따른 취득세 감면요건을 갖춘 경우라면 해당 취득세에 대해 75%(2025년 이후 50%)의 감면이 적용될 수 있다.

Q3. 법인전환 시 개인사업자 외에 다른 주주는 출자할 수 없는가?

아니다. 이에 대해서는 제한이 없다.

Q4. 법인전환으로 주식을 교부받은 개인사업자가 이를 처분하면 어떤 문제가 발생하는가?

법인전환일로부터 5년 이내에 법인전환 시 교부받은 주식의 50% 이상 처분하면 양도세 이월과세가 취소되는 한편 취득세 감면세액이 추징된다. 다만, 조특법 제30조의 6에 따른 가업 승계에 대한 증여세 과세특례가 적용되는 경우 등은 제외한다.[*]

[*] 증여세 과세특례제도 등에 대해서는 저자의 《상속 · 증여 세무 가이드북》 등을 참조하기 바란다.

Q5. 법인전환 시 개인사업자는 반드시 대표이사가 되어야 하는가?

이러한 규정은 없다. 주주와 임원은 구분이 되기 때문이다.

주주 구성은
어떻게 하면 좋을까?

법인전환과 관련해 법인설립은 일반적인 절차에 따라 진행하면 된다. 그런데 법인전환과 관련된 주주 구성은 좀 더 명확히 알아두면 좋다. 법인전환의 방법에 따른 제한이 있기 때문이다. 다음에서 이에 대해 알아보자.

1. 법인전환의 방법과 법인설립과의 관계

1) 자산양수도

기존법인도 가능하고 신설법인도 가능하다. 그리고 주주 구성 시 자녀만을 중심으로 해도 된다.

2) 사업양수도

부가세 면제를 위한 포괄양수도도 기존법인과 신설법인 모두 가능하다. 그리고 주주 구성도 자유롭게 할 수 있다. 다만, 부동산에 대한 세 감면을 위해서는 반드시 법인을 신설해야 하는 한편 개인사업자가 순자산가액 이상을 출자하고, 이에 해당하는 주식을 교부받아야 한다. 만일 자녀를 주주에 포함하고 싶다면 자녀가 주금을 추가로 납입하면 된다.

3) 현물출자

현물출자의 경우 순자산가액이 현물로 출자되므로 개인사업자는 이에 해당하는 주식을 교부받게 된다. 만일 자녀를 주주에 포함하고 싶다면 앞의 사업양수도처럼 자녀가 주금을 추가로 납입하면 된다.

2. 적용 사례

사례를 통해 앞의 내용을 확인해보자.

| 자료 |
· K 씨는 개인사업을 영위 중에 법인전환을 계획 중에 있음.
· 사업용 자산에 부동산을 포함하고 있어 사업양수도로 진행하고자 함.
· 순자산가액은 총 30억 원 정도로 예상됨.

Q1. 부동산에 대한 양도세 이월과세와 취득세 감면을 위해 법인설립이 필요하다. 이때 K 씨가 출자해야 하는 현금은?

순자산가액 30억 원 이상의 현금을 출자해야 한다.

Q2. K 씨의 자녀가 별도로 자본금을 납입하고 주식을 교부받아도 이월과세 등이 가능한가?

그렇다. 이에 대해서는 제한이 없다.

Q3. 만일 법인전환 후 K 씨가 보유한 주식을 자녀에게 증여나 양도 등을 하면 어떤 문제가 발생하는가?

양도세 이월과세 적용배제나 취득세 감면이 추징될 수 있다. 이에 대한 자세한 내용은 8장에서 살펴보자.

8장

양도세 이월과세와
취득세 감면신청

양도세 이월과세와
취득세 감면

개인사업자의 사업용 고정자산에 부동산이 포함된 경우 개인사업자는 양도세를, 취득자인 법인은 취득세를 내야 한다. 하지만 세법은 법인전환을 원활히 해주고자 양도세 이월과세와 취득세 감면을 해주고 있다. 다만, 무분별한 감면이 되지 않도록 제한규정을 두고 있다. 다음에서 이 두 가지에 대해 대략적으로 알아보자.

1. 법인전환 시 업종별 양도세 이월과세와 취득세 감면

조특법 제32조와 지특법 제57조의2에서는 사업양수도 또는 현물출자 방식으로 법인전환을 한 경우, 다음과 같이 양도세 이월과세와 취득세 감면제도를 운용하고 있다.

구분	양도세 이월과세	취득세 감면
근거 법률	조특법 제32조	지특법 제57조의 2
주택 임대업	×(주택규제)	×
일반 부동산 임대업	○	×

구분		양도세 이월과세	취득세 감면
부동산 매매업		×(재고자산)	×
소비성 서비스업		×(업종 규제)	×
위 외 업종	사업용 부동산	○	○ (75%, 2025년 50% 감면)
	업무 무관 부동산	×(비업무용 규제)	×
	사업양도 시 평가 한 영업권	×(사업과 무관)	×

예를 들어, 제조업 영위 개인사업자가 공장을 법인에 포괄 양수도할 때 발생하는 양도세를 바로 내지 않고, 향후 법인이 이를 양도할 때 내는 것으로 이월과세 하는 한편, 법인이 내야 할 취득세의 75%(2025년 50%)를 감면하는 것을 말한다. 그런데 자세히 보면 업종과 이전되는 부동산의 내용에 따라 감면의 내용이 달라진다. 이에 대해서는 다음에서 별도로 살펴보자.

2. 적용 사례

사례를 통해 앞의 내용을 확인해보자. K 씨는 다음과 같은 자산과 부채를 보유하고 있다. 물음에 답해보자.

| 자료 |
· 제조업을 영위 중임.
· 재고자산 : 1억 원
· 사업용 건물(토지 제외) : 취득가액 1억 원(감정가액 9억 원)
· 사업용 부채 : 2억 원

Q1. K 씨가 위의 자산을 법인에 양도하면 부가세는 얼마나 될까?

재고자산과 건물 시가의 합인 10억 원(1억 원+9억 원)의 10%인 1,000만 원이 발생한다.

Q2. 재고자산과 건물에 부과되는 부가세 없이 거래하고 싶다면 어떻게 해야 하는가?

종업원까지 포함해 포괄양수도를 하면 부가세 없이 거래할 수 있다.

Q3. K 씨가 위의 건물을 법인에 양도하면 양도세는 얼마나 예상되는가? 단, 양도차익 8억 원에 대해서 40%의 세율을 적용한다.

가정에 따라 8억 원에 40%를 곱하면 3억 2,000만 원이 된다.

Q4. 위 건물에서 발생한 양도세를 이월과세받고 싶다면 어떻게 해야 하는가?

조특법에서 정한 요건(순자산가액* 이상 출자해서 법인설립 등)을 갖추면 양도세 이월과세를 받을 수 있다.

* 시가를 기준으로 평가한다.

Q6. 법인이 건물을 취득할 때 발생한 취득세 감면을 받고 싶다면 어떻게 해야 하는가?

지특법에서 정한 요건(순자산가액 이상 출자해서 법인설립 등)을 갖추면 취득세 감면을 받을 수 있다.

Tip 양도세 이월과세와 취득세 감면 요약

구분	양도세 이월과세	취득세 감면
근거 규정	조특법 제32조	지특법 제57조의 2 제4항
적용내용	전환법인이 이월과세 받은 부동산을 양도 시 과세하는 방법(이월과세)	취득세 75%(2025년 50%) 감면
적용대상	양도세 과세대상 자산(단, 임대주택은 제외)	취득세 과세대상 자산(단, 부동산 임대업과 매매업은 제외)
적용요건	조특법 제32조의 현물출자 또는 사업양수도 방법으로 법인으로 전환할 것	좌동
사후관리	전환 후 5년 이내에 해당 사업 폐지 또는 주식을 50% 이상 처분하는 경우 이월과세 박탈	좌동 (해당 재산처분 등 추가)

양도세 이월과세와 사후관리

양도세 이월과세는 부동산을 많이 보유한 사업자에게는 매우 중요한 제도가 될 수 있다. 따라서 이월과세를 적용받은 후 사후관리 위반을 하지 않아야 한다. 다음에서는 이월과세 신청 방법과 사후관리 등에 대해 정리해보자.

1. 이월과세 신청 방법

1) 이월과세

이월과세란, 개인사업자가 사업용 고정자산(유형자산 및 무형자산)을 사업 양수도나 현물출자의 방법을 통해 법인에 양도하는 경우 이를 양도하는 개인에 대해서는 양도세를 과세하지 않고, 양수한 법인이 그 사업용 고정자산 등을 양도하는 경우, 개인이 종전 사업용 고정자산 등을 그 법인에 양도한 날이 속하는 과세기간에 다른 양도자산이 없다고 보아 계산한 양도소득산출세액 상당액을 법인세로 납부하는 제도를 말한다.

2) 적용대상

양도세 이월과세는 사업에 직접 사용하는 유형자산 및 무형자산(1981년 1월 1일 이후에 취득한 부동산으로서 업무와 관련이 없는 부동산은 제외)을 말한다.

· 사업에 직접 사용하는 유형자산과 무형자산에 적용한다.

　→ 따라서 사업양도 시 부동산과 함께 양도하는 영업권에 대해서는 이월과세가 적용되지 않는다.

· 업무와 관련 없는 자산에 대해서는 이월과세가 적용되지 않는다.

3) 이월과세 신청

양도세 신고는 양도일(사업양수도일, 현물출자일)이 속하는 달의 말일로부터 2개월 이내에 신고한다. 이때 양도소득 과세표준 신고서에 이월과세 적용 신청서를 첨부한다.

2. 적용 사례

사례를 통해 앞의 내용을 확인해보자.

> | 자료 |
> · 순자산가액 : 20억 원
> · 사업용 부동산 : 양도차익 10억 원
> · 영업권 평가액 : 5억 원

Q1. 사업양수도 대가는 얼마인가?

순자산가액 20억 원에 영업권 5억 원을 더한 25억 원이 된다.

Q2. 양도세는 얼마인가? 단, 장기보유특별공제율은 30%를 적용하고 기본공제는 적용하지 않는다.

구분	부동산	영업권	계
양도차익	10억 원	5억 원	15억 원
−장기보유특별공제	3억 원	0원	3억 원
=과세표준	7억 원	5억 원	12억 원
×세율			45%
−누진공제			6,594만 원
=산출세액			4억 7,406만 원

Q3. 영업권에 대해서는 왜 장기보유특별공제가 적용되지 않는가?

장기보유특별공제는 부동산의 보유기간에 따라 양도차익 일부를 공제하는 제도에 해당한다. 영업권은 부동산이 아니라 권리에 해당하기 때문에 이 공제를 적용하지 않는다.

Q4. 영업권에 대한 양도세에 대해서는 이월과세가 적용되지 않는가?

그렇다. 이는 사업에 직접 사용한 자산에 해당하지 않기 때문이다.

Q5. 사례의 경우, 양도세 이월과세액은 얼마인가?

법인에 양도한 날이 속하는 과세기간에 다른 양도자산이 없다고 보아 계산한 양도소득산출세액 상당액이 이월과세액이 된다. 지방소득세는 이월과세제도가 적용되지 않는다.

· **과세표준**(7억 원)×**42%−3,594만 원**(누진공제)=2억 5,806만 원*

* 참고로 부동산과 영업권을 합한 양도세는 4억 7,406만 원이고, 이를 부동산과 영업권의 소

득금액을 기준으로 안분하면 부동산에 해당하는 양도세는 276,535,000원이 나온다. 따라서 이 금액을 이월과세로 적용하는 것이 타당해 보이지만, 현행 세법은 영업권을 제외한 부동산만 가지고 이월과세액을 산출하도록 하고 있다.

Q6. 양도세 이월과세는 어떤 식으로 신청하는가?

양도세 신고서를 제출할 때 양도세 이월과세 적용신청서(아래 서식)를 같이 제출한다.

이월과세 적용신청서

신청인 (양도자)	① 상호		② 사업자등록번호		
	③ 성명		④ 생년월일		
	⑤ 주소			(전화번호 :)	

양수인	⑥ 상호		⑦ 사업자등록번호		
	⑧ 성명		⑨ 생년월일		
	⑩ 주소			(전화번호 :)	

이월과세 적용대상 자산

⑪ 자 산 명	⑫ 소 재 지	⑬ 면 적	⑭ 취 득 일	⑮ 취 득 가 액

⑯ 양 도 일	⑰ 양 도 가 액	⑱ 이월과세액	⑲ 비 고	

소멸하는 사업장의 순자산가액 계산

⑳ 사업용자산의 합계액(시가)	부 채		㉓ (⑳ - ㉒) 순 자 산 가 액
	㉑ 과 목	㉒ 금 액	

		년 월 일
신청인(양도인)		(서명 또는 인)
양수인		(서명 또는 인)

세무서장 귀하

첨부 서류	1. 사업용자산 및 부채명세서 1부 (전자신고 방식으로 제출하는 경우에는 구비서류를 제출하지 않고 법인이 보관합니다) 2. 현물출자계약서 사본 1부(조특령 제63조 제10항에 따라 신청하는 경우로 한정합니다)	수수료 없음

Tip 이월과세액의 사후관리(조특법 제32조 제5항)

법인의 설립등기일부터 5년 이내에 다음 각호의 어느 하나에 해당하는 사유가 발생할 때는 사유 발생일이 속하는 달의 말일부터 2개월 이내에 제1항에 따른 이월과세액(해당 법인이 이미 납부한 세액을 제외한 금액을 말한다)을 양도세로 납부해야 한다. 이 경우 사업 폐지의 판단 기준 등에 관하여 필요한 사항은 대통령령으로 정한다.

1. 제1항에 따라 설립된 법인이 제1항을 적용받은 거주자로부터 승계받은 사업을 폐지*하는 경우

   * 현물출자 또는 사업양도·양수의 방법으로 취득한 사업용 고정자산의 2분의 1 이상을 처분하거나 사업에 사용하지 않는 경우 사업의 폐지로 본다.

2. 제1항을 적용받은 거주자가 법인전환으로 취득한 주식 또는 출자지분의 100분의 50 이상을 처분*하는 경우

   * 여기에서 처분은 주식 또는 출자지분의 유상이전, 무상이전, 유상감자 및 무상감자(주주 또는 출자자의 소유주식 또는 출자지분 비율에 따라 균등하게 소각하는 경우는 제외한다)를 포함한다. 다만, 다음 각호의 어느 하나에 해당하는 경우에는 그러하지 아니하다.

      1. 조특법 제32조 제1항을 적용받은 거주자가 사망하거나 파산하여 주식 또는 출자지분을 처분하는 경우

      6. 해당 거주자가 가업의 승계를 목적으로 해당 가업의 주식 또는 출자지분을 증여하는 경우로서 수증자가 상증법 제30조의 6에 따른 증여세 과세특례를 적용받은 경우 등

취득세 감면신청과
사후관리

사업양수도 등에 의해 법인이 부동산을 취득하면 취득세를 내야 한다. 그런데 취득세가 많으면 법인전환에 방해되므로 지특법에서는 요건을 충족한 법인에 대해서는 취득세를 최대 75%(2025년 50%)까지 감면한다. 다음에서 법인전환 시 알아둬야 할 취득세 감면에 대해 알아보자.

1. 법인전환 시 취득세 관련 세무상 쟁점

법인전환 시 취득세 관련 세무상 쟁점을 정리하면 다음과 같다.

첫째, 법인전환에 따라 발생하는 취득세가 얼마나 나오는지 정확히 검토해야 한다.

알다시피 사업용 고정자산에 대한 취득세율은 일반적으로 4%가 적용되나, 수도권 과밀억제권역 내에서 취득한 부동산에 대해서는 2배 이상 중과세가 적용되는 경우가 많기 때문이다.

※ 법인전환 시 알아야 할 사업용 부동산에 대한 취득세 계산구조

구분		일반취득세	중과 취득세
취득세	과세표준	취득가액	좌동
	세율	4%(유상 승계취득)	8%(4%×3−2%×2)
	산출세액	과세표준×세율	좌동
	감면세액*	산출세액×75%(2025년 50%)	좌동
	납부세액	산출세액−감면세액	좌동
지방교육세	과세표준	취득가액×(4%−2%)	취득가액×[(4%−2%)×3]
	세율	20%	좌동
	산출세액	과세표준×세율	좌동
	감면세액	산출세액×75%(2025년 50%)	좌동
	납부세액	산출세액−감면세액	좌동
농특세	과세표준	취득가액×2%	좌동(농특세는 중과세되지 않음. 지방세법 제13조)
	세율	10%	좌동
	산출세액	과세표준×세율	좌동
	감면세액	산출세액×75%(2025년 50%)	좌동
	납부세액	산출세액−감면세액	좌동
농특세 (취득세 감면분 추가)*	과세표준	취득가액×4%×75% (2025년 50%)	취득가액×8%×75%(50%)
	세율	20%	좌동
	산출세액	과세표준×세율	좌동
총 납부세액			

* 취득세 감면세액에 대해 20%의 농특세가 별도로 추가된다(농특세법 제5조 제1항 제1호).

☞ 참고로 이외에도 다음과 같은 취득세도 감면할 수 있다. 취득세율은 지방법 제12조를 참조하자.

· **업무용 차량**

· **등록 건설기계**(0.3%)

· 선박 등

둘째, 부동산 임대업이나 공급업은 취득세 감면이 적용되지 않는다.

정부의 부동산 대책에 따라 2020년 8월 12일 이후의 법인전환부터 이에 대한 세제지원을 중단했기 때문이다.

셋째, 취득일로부터 5년 이내에 해당 자산을 처분하는 등의 경우 경감받은 취득세를 추징함에 유의해야 한다. 아래 규정을 참조하기 바란다.

※ 지특법 제57조의 2 제4항

> ④ 조특법 제32조에 따른 현물출자 또는 사업양도·양수에 따라 2024년 12월 31일*까지 취득하는 사업용 고정자산(한국표준산업분류에 따른 부동산 임대 및 공급업에 대해서는 제외한다)에 대해서는 취득세의 100분의 75를 경감한다. 다만, 취득일부터 5년 이내에 대통령령으로 정하는 정당한 사유** 없이 해당 사업을 폐업하거나 해당 재산을 처분(임대를 포함한다) 또는 주식을 처분하는 경우에는 경감받은 취득세를 추징한다.

* 2027년 12월 31일까지 연장하되, 50%로 감면율을 인하할 예정이다. 2025년 1월 1일 이후 납세의무가 성립한 것에 대해 적용한다(2025년 세법 개정안). 따라서 2024년 12월 31일까지 현물출자나 사업양수도를 통한 법인전환을 하면 75%의 감면을 받을 수 있지만, 2025년 이후에 법인전환을 하면 50%의 감면을 받게 된다는 점에 유의해야 할 것으로 보인다(단, 부동산임대업과 공급업은 감면이 없다).

** 수용, 법인전환의 취득한 주식의 50% 미만을 처분, 가업 승계를 위한 주식의 증여세 과세특례가 적용되는 경우 등을 말한다(지특령 제28조의 2).

2. 적용 사례

사례를 통해 앞의 내용을 확인해보자. 단, 취득세 감면율은 75%를 적용한다.

> I 자료 I
> · K 씨는 유통업을 영위하는 중이며 사업양수도의 방법으로 법인전환을 하고자 함.
> · K 씨의 사업용 고정자산에는 건물이 포함됨. 건물 가액은 20억 원으로 평가됨.
> · 법인전환으로 설립되는 법인은 수도권 과밀억제권역 내에 소재하고 있음. 사업용 부동산도 마찬가지임.

Q1. 위 건물을 법인이 일반세율로 취득하면 취득세는 얼마인가?

앞에서 본 계산구조에 맞춰 계산하면 다음과 같다.

구분		일반취득세	금액
취득세	과세표준	취득가액	20억 원
	세율	4%(유상 승계취득)	4%
	산출세액	과세표준×세율	8,000만 원
	감면세액	산출세액×75%	
	납부세액	산출세액-감면세액	8,000만 원
지방교육세	과세표준	취득가액×(4%-2%)	4,000만 원
	세율	20%	20%
	산출세액	과세표준×세율	800만 원
	감면세액	산출세액×75%	
	납부세액	산출세액-감면세액	4,000만 원
농특세	과세표준	취득가액×2%	4,000만 원
	세율	10%	10%

구분		일반취득세	금액
농특세	산출세액	과세표준×세율	400만 원
	감면세액	산출세액×75%	
	납부세액	산출세액−감면세액	400만 원
농특세 (취득세 감면분 추가)	과세표준	취득가액×4%×75%	
	세율	20%	
	산출세액	과세표준×세율	
총 납부세액			9,200만 원*
유효세율(총 취득세/취득가액)			4.6%*

* 이는 20억 원에 4.6%를 적용한 것과 같다(실무에서는 이렇게 계산한다).

Q2. 위 건물을 법인이 중과세율로 취득하면 취득세는 얼마인가?

역시 앞에서 본 계산구조에 맞춰 계산하면 다음과 같다.

구분		중과 취득세	금액
취득세	과세표준	취득가액	20억 원
	세율	8%(4%×3−2%×2)	8%
	산출세액	과세표준×세율	1억 6,000만 원
	감면세액	산출세액×75%	
	납부세액	산출세액−감면세액	1억 6,000만 원
지방교육세	과세표준	취득가액×[(4%−2%)×3]	1억 2,000만 원
	세율	20%	20%
	산출세액	과세표준×세율	2,400만 원
	감면세액	산출세액×75%	
	납부세액	산출세액−감면세액	2,400만 원
농특세	과세표준	취득가액×2%	4,000만 원
	세율	10%	10%
	산출세액	과세표준×세율	400만 원
	감면세액	산출세액×75%	

구분		일반취득세	금액
농특세	납부세액	산출세액−감면세액	4,000만 원
농특세 (취득세 감면분 추가)	과세표준	취득가액×8%×75%	
	세율	20%	
	산출세액	과세표준×세율	
총 납부세액			1억 8,800만 원*
유효세율(총 취득세/취득가액)			9.4%*

* 이는 20억 원에 9.4%를 적용한 것과 같다(실무에서는 이렇게 계산한다).

Q3. 앞의 Q1과 Q2에 대해 각각 75%의 감면이 적용되면 내야 할 취득세는 얼마인가?

구분		일반취득세 감면	중과 취득세 감면
취득세	과세표준	20억 원	20억 원
	세율	4%	8%
	산출세액	8,000만 원	1억 6,000만 원
	감면세액(75%)	6,000만 원	1억 2,000만 원
	납부세액	2,000만 원	4,000만 원
지방교육세	과세표준	4,000만 원	1억 2,000만 원
	세율	20%	20%
	산출세액	800만 원	2,400만 원
	감면세액(75%)	600만 원	1,800만 원
	납부세액	200만 원	600만 원
농특세	과세표준	4,000만 원	4,000만 원
	세율	10%	10%
	산출세액	400만 원	400만 원
	감면세액(75%)	300만 원	300만 원
	납부세액	100만 원	100만 원

구분		일반취득세 감면	중과 취득세 감면
농특세 (취득세 감면 분 추가)	과세표준 (취득가액×취득세율×75%)	6,000만 원 (20억 원×4%×75%)	1억 2,000만 원 (20억 원×8%×75%)
	세율	20%	20%
	산출세액	1,200만 원	2,400만 원
총 납부세액		3,500만 원	7,100만 원
유효세율(총 취득세/취득가액)		1.75%	3.55%

☞ 만일 취득세 감면율이 50%이면, 총 납부세액과 유효세율은 어떻게 되는가?

구분		일반취득세 감면	중과 취득세 감면
취득세	납부세액	4,000만 원	8,000만 원
지방교육세	납부세액	400만 원	1,200만 원
농특세	납부세액	200만 원	200만 원
농특세(취득세 감면분)	납부세액	800만 원	1,600만 원
총 납부세액		5,400만 원	1억 1,000만 원
유효세율		2.7%	5.5%

Q4. 사례에서 법인이 내야 할 취득 관련 총 세금은 얼마인가?

수도권 과밀억제권역 내에서 법인전환을 하면 취득세 중과세율이 적용된다. 다만, 이 경우에도 취득세 감면요건(지특법 제57조의 2 제4항)을 갖춰 법인전환을 하면 75%의 감면을 적용받을 수 있다. 따라서 이 경우 7,100만원의 취득세를 내야 할 것으로 보인다.

☞ 참고로 지방령 제26조 제1항 제10호에서는 수도권 과밀억제권역 내에서 제조업 영위자가 법인전환을 하면 중과세를 제외한다. 사례는 유통업을 영위하고 있어 이와 무관하다.

※ 지방령 제26조 제1항

10. 개인이 경영하던 제조업. 다만, 행정안전부령으로 정하는 바에 따라 법인으로 전환하는 기업만 해당하며, 법인전환에 따라 취득한 부동산의 가액(법 제4조에 따른 시가표준액을 말한다)이 법인전환 전의 부동산 가액을 초과하면 그 초과 부분과 법인으로 전환한 날 이후에 취득한 부동산은 지방법 제13조 제2항 각호 외의 부분 본문*을 적용한다.

> * 법인전환 후 5년 이내에 수도권 과밀억제권역 내에서 부동산을 신규로 취득하면 취득세 중과세를 적용하겠다는 것을 말한다.

Q5. 법인전환으로 주식을 취득한 개인사업자는 과점주주에 해당한다. 이 경우 지방법 제7조 제5항에 따른 간주취득에 대한 취득세 납세의무가 있는가?

없다. 법인설립 시에 발행하는 주식 또는 지분을 취득함으로써 과점주주가 된 경우에는 취득으로 보지 않기 때문이다.

Q6. 만일 K 씨가 5년 이내에 주식의 30%를 자녀에게 증여나 양도하면 취득세 감면분이 추징되는가?

50% 이상 처분해야 추징된다.

Tip 양도세 이월과세와 취득세 감면의 사후관리 비교

구분		양도세 이월과세	취득세 감면
관련 규정		조특법 제32조 제5항	지특법 제57조의 2 제4항
사후관리 위반 시		이월과세액 양도세 신고 및 납부(2개월)	경감받은 취득세 추징
사후관리 기간		5년	좌동
사후 관리 위반 사유	승계받은 사업의 폐지	사업용 고정자산의 1/2 이상 처분 또는 미사용하는 경우 포함(단, 파산 사유 등에 따른 처분은 제외)	정당한 사유 없이 해당 사업을 폐업하거나 해당 재산을 처분(임대 포함) 또는 주식을 처분하는 경우 ※ 정당한 사유 ① 수용 ② 법령에 따른 폐지나 처분 ③ 조특령 제29조 제7항 각호 (왼쪽 참조) ④ 전환으로 교부받은 주식의 50% 미만 처분
	교부받은 주식의 50% 이상 처분	· 조특령 제29조 제7항 – 유상이전, 무상이전, 유상감자 및 무상감자(균등소각은 제외) 포함. 단, 사망, 파산, 증여세 과세특례* 등에 따른 처분은 제외	

* 조특법 제30조의 6에 따른 경우를 말한다. 따라서 이 규정에 따라 주식을 50% 이상 증여받으면 양도세 이월과세와 취득세 감면은 그대로 유효하다. 법인전환 후 가업 승계를 할 때 알아두면 좋을 정보에 해당한다. 참고로 가업 승계용으로 주식을 증여받은 경우, 향후 증여자가 사망하면 이를 상속재산가액에 합산해 상속세로 정산하게 된다. 따라서 주식을 사전에 증여할 경우에는 세무전문가의 확인을 거쳐 실행하는 것이 좋을 것으로 보인다.

9장

개인사업자의 부가세와 소득세, 전환법인의 법인세 신고법

폐업 신고와
부가세 신고

이제 포괄양수도 절차가 끝났다고 하자. 이때 개인사업자는 폐업 신고와 부가세 신고, 그리고 소득세 신고 업무가 남아 있다. 물론 이러한 세금들은 양수도계약이 되기 전에 어느 정도 확정되는 경우가 대부분이다. 다음에서는 부가세와 관련된 폐업 신고부터 알아보자.

1. 폐업 신고

1) 폐업일

사업양수도에 따른 폐업일은 그 사업을 실질적으로 폐업하는 날인 사업양수도계약일(법인전환일)이 된다.*

> * 참고로 부가령 제7조 제1항 단서에는 폐업한 날이 분명하지 아니한 경우에는 폐업 신고서의 접수일을 폐업일로 본다.

2) 폐업 신고

등록한 사업자는 대통령령으로 정하는 바에 따라 지체 없이 사업장 관할 세무서장에게 폐업 신고를 해야 한다(부가세법 제8조).

※ 부가세법 제13조[휴업·폐업의 신고]

① 다음 각호의 사항을 적은 휴업(폐업)신고서를 제출한다.

   1. 사업자의 인적사항

   2. 휴업 연월일 또는 폐업 연월일과 그 사유

   3. 그 밖의 참고 사항

② 폐업 신고서에는 사업자등록증을 첨부해야 한다.

③ 제1항에도 불구하고 부가세 확정신고서에 폐업 연월일과 그 사유를 적고 사업자등록증을 첨부해서 제출하는 경우에는 폐업 신고서를 제출한 것으로 본다.

2. 부가세 신고

1) 폐업 확정신고기한

폐업사업자의 경우 폐업일이 속한 달의 다음 달 25일까지 관할세무서에 부가세를 신고 및 납부한다.

2) 폐업 시 부가세 확정신고서 작성

부가세 과세기간(1월 1일 또는 7월 1일부터 폐업일)에 해당하는 부가세 매출과 매입 관련 세액 등의 내역을 서식에 맞춰 작성한다.

3) 폐업 확정신고 시 서류제출

부가세 확정신고서를 제출하는 경우에는 다음 서류를 함께 제출해야 한다(부가세법 제91조).

구분	제출 서류	비고
1. 법 제10조 제9항 제2호에 따라 사업을 양도하는 경우	사업양도신고서*	계약서를 첨부해야 함.
2. 기타	생략	

* 서식은 다음 페이지를 참조하기를 바란다

Tip 사업양도신고서

사업양도신고서

접수번호		접수일		처리기간	즉시

1. 양도자 인적사항

법인명(상호)		사업자등록번호	
대표자명(성명)		전화번호	
사업장 소재지			
업태		종목	

2. 양수자 인적사항

상호		사업자등록번호	
대표자명(성명)			
사업장 소재지			
업태		종목	
사업양도 연월일			

3. 사업양도내용

양도되는 권리		양도되는 의무	
명세	금액	명세	금액
양도에서 제외되는 권리*		양도에서 제외되는 의무**	

부가세법 제10조 제9항 제2호 및 같은 법 시행령 제91조 제2항의 표 제1호에 따라 사업을 양도하였음을 신고합니다.

년   월   일

신고인		(서명 또는 인)
세무서장	귀하	

첨부 서류	계약서 사본	수수료 없음

* 사업용 자산, 영업권 등을 말한다.

** 사업용 부채 등을 말한다.

법인전환 시
부가세 신고 사례

사업양수도의 방법에 따라 법인전환 시 부가세 신고는 어떤 식으로 하는지 사례를 통해 확인해보자.

| 사례 |
K 씨는 제조업을 영위하는 사업자로, 10월 31일을 기준으로 법인전환을 했다. 다음 자료를 보고 물음에 답해보자.

| 자료 |
· 7월 1일부터 폐업일까지의 매출 : 10억 원(부가세 제외, 전액 세금계산서 매출)
· 7월 1일부터 폐업일까지의 매입 : 5억 원(부가세 제외, 전액 세금계산서 매입)
· 10월 31일 사업 양도자산 : 10억 원(포괄양수도계약)

Q1. 폐업 신고와 부가세 신고는 언제까지 해야 하는가?

실무적으로 부가세 신고에 맞춰 폐업 신고를 한다. 부가세 신고는 폐업일이 속한 달의 말일로부터 25일 내이므로 이 경우 11월 25일이 된다. 이

신고기한을 위반한 경우에는 가산세가 부과된다.

Q2. 부가세 신고 시 사업양도신고서도 제출해야 하는가?
그렇다. 그리고 이때 계약서도 같이 제출해야 한다.

Q3. 사례의 경우, 부가세 납부세액은 얼마인가?
사업양수도에 따라 공급에서 제외되는 금액을 제외하면 다음과 같이
납부세액이 발생한다.
· 매출세액 1억 원−매입세액 5,000만 원=5,000만 원

Q4. 포괄양수도에 따라 재화의 공급에서 제외된 금액은 어느 란에 표
시되는가?
다음 서식 하단의 '수입금액 제외' 란에 기재된다.

일반과세자 부가세 [ ]예정 [ ]확정 　　신고서

신고 기간　　년 제 기 (　 월 　 일 ~ 　 월 　 일)

① 　 신 고 내 용			금　　　액	세율	세　　액
과세표준 및 매출세액	과세	세금계산서 발급분 (1)		10 / 100	
		신용카드 · 현금영수증 발행분 (3)		10 / 100	
		기타(정규영수증 외 매출분) (4)		10 / 100	
	합계	(9)			
매입세액	세금계산서 수 취 분	일 반 매 입 (10)			
		고정자산 매입 (11)			
	예정 신고 누락분 (12)				
	그 밖의 공제매입세액 (14)				
	공제받지 못할 매입세액 (16)				
	차감계 (15)-(16) (17)				
납 부 (환 급) 세 액 (매 출 세 액 ㉮ - 매 입 세 액 ㉯)					
예정 고지 세액 (22)					
사업양수자가 대리납부한 세액* (23)					
③ 폐업신고		폐업일**		폐업 사유**	

⑤ 과 세 표 준 명 세

업 　 태	종목	생산요소	업종 코드	금 액
(28)				
(29)				
(30)				
(31)수입금액 제외***				
(32)합 계				

* 부가령 제95조 제5항에 따라 사업양수자가 국고에 납입한 부가세를 적는다. 참고로 부가세법 제10조 제9항 제2호 단서에서는 사업양수자가 대가를 지급하는 때에 사업양도자를 대리하여 부가세를 징수해서 납부한 경우는 재화의 공급으로 봐주고 있다. 이 규정은 포괄양수도에 해당하는지가 불명확할 때 세금계산서를 주고받더라도 이를 인정하겠다는 것을 의미한다.

** 폐업일은 법인전환일을 의미한다. 한편 폐업 사유는 사업양수도를 기재하면 된다.

*** 포괄양수도에 따라 재화의 공급에서 제외되는 금액을 적는다.

폐업에 따른
소득세 신고와 세무상 쟁점

포괄양수도가 끝난 후 부가세 신고가 이어지면 남은 절차는 개인의 소득세 정산 정도가 된다. 다음에서는 사업양수도에 따른 소득세 신고에 대해 알아보자. 참고로 일반사업자는 다음 해 5월 1일부터 5월 31일까지, 성실신고확인사업자는 5월 1일부터 6월 30일까지 신고 및 납부를 한다.

1. 사업양수도와 소득세 신고 쟁점

사업양수도와 관련해 소득세 신고 시 세무상 쟁점을 정리하면 다음과 같다.

1) 재고자산에 대한 처리

사업양수도에 따라 법인에 이전되는 재고자산은 시가상당액*을 총수입금액에 산입한다. 물론 이에 해당하는 원가는 매출원가로 처리한다.

* 실무에서는 폐업 시 시가를 파악하는 것이 힘들므로 장부가를 시가상당액으로 본다(3장 절세 탐구 참조).

2) 퇴직급여 처리

개인사업장에서 발생한 퇴직급여는 발생주의 원칙에 따라 개인사업자의 필요경비로 처리한다. 아래를 참조하기를 바란다.

※ 소득법 기본통칙 29-57…5[사업의 포괄적 양수도의 경우에 있어서 퇴직금의 필요경비계산]

① 사업자가 다른 사업자로부터 사업을 포괄적으로 양수도함에 따라 종업원 및 당해 종업원에 대한 퇴직급여충당금을 승계받으면 이를 양수한 사업자의 퇴직급여충당금으로 본다.

② 제1항의 경우와 같이 사업을 포괄적으로 양수도함에 있어 당해 종업원이 승계 시점에 퇴직할 경우 지급할 퇴직금 상당액을 퇴직급여충당금(퇴직보험 등에 대한 계약의 인수를 포함한다) 또는 부채로 승계받은 사업자는 그 종업원이 실제로 퇴직함에 따라 지급하는 퇴직금과 영 제57조 제2항에 규정하는 퇴직급여추계액은 당해 사업자의 퇴직급여 지급규정 등에 따라 양도한 사업자에게서 근무한 기간을 통산하여 계산할 수 있다.

③ 제2항의 규정과 같이 퇴직급여충당금을 승계받지 아니한 사업자의 경우 영 제57조 제2항에 규정하는 퇴직급여추계액은 양도한 사업자에게서 근무한 기간을 통산하여 계산할 수 없으나, 종업원이 실제로 퇴직함에 따라 지급하는 퇴직금은 사업의 양수도 계약 및 당해 사업자의 퇴직급여 지급규정 등에 따라 근무 기간을 통산하여 계산할 수 있다. 이 경우 근무 기간을 통산함으로써 증가하는 퇴직금도 당해 사업자의 퇴직급여충당금과 상계해야 한다.

④ 제2항의 규정에 따라 퇴직급여충당금 또는 부채를 인계한 양도 사업자는 당해 양수도 시점의 퇴직급여 상당액을 법 제29조 및 영 제57조의 규정에도 불구하고 당해연도 소득금액 계산상 필요경비에 산입한다.

☞ 참고로 퇴직금을 한꺼번에 비용으로 처리할 때 기간 손익이 문제가된다. 이에 법인전환 연도와 그 이전연도의 퇴직급여는 다음과 같이

회계처리를 한다.

· **회계처리 :** (차) **퇴직급여*** ××× (대) **보통예금 등** ×××

* 당기 전의 퇴직급여에 해당하는 금액은 전기오류수정손실로 구분하는 것이 원칙이나, 이처럼 회계처리해도 그 결과는 같다.

3) 감가상각비처리

법인전환 시 유형자산을 평가증한 경우라도 감가상각비는 당초 취득가액에 맞춰 계상한다. 평가증한 금액은 개인사업자의 소득세 신고와 관련이 없기 때문이다.

4) 조세감면처리법

조특법 등에 따른 조세감면에는 크게 세액공제와 세액감면제도가 있다. 이에 대해 세법은 법인전환을 원활히 해주기 위해 다음과 같은 원칙을 두고 있다.

① 미공제세액 이월공제

법인전환으로 개인사업장에서 미공제된 각종 세액공제(투자 세액공제나 고용 세액공제 등)는 전환법인이 승계받아 공제를 받을 수 있다. 참고로 개인사업자가 투자 세액공제를 받은 날로부터 투자 완료일부터 2년(대통령령으로 정하는 건물과 구축물의 경우에는 5년)이 지나기 전에 해당 자산을 처분하면 공제세액을 추징하지만, 법인전환 등의 경우에는 이 규정을 적용하지 않는다(조특법 제146조).

※ 조특, 법인세과-712, 2012.11.22

조특법 제144조의 규정에 따른 이월세액이 있는 개인사업자가 같은 법 제32조의 규정에 따른 사업양수도 방법으로 법인전환을 하는 경우 당해 이월세액은 개인사업자의 이월공제 기간 내에 전환법인이 이를 승계하여 공제받을 수 있는 것임.

② 창업세액감면이나 수도권 밖 이전에 따른 세액감면

이들 세액감면은 일정 기간(5년 등) 계속해서 적용되는데, 중도에 법인전환을 하는 경우 잔여기간에 대한 감면을 법인이 승계받아 감면받을 수 있다.

③ 중소기업 특별세액감면

조특법 제7조에서 규정한 감면요건을 충족한 경우, 법인전환 전의 개인사업자와 법인전환 후 법인에 대해 이 감면이 적용된다.[*]

[*] 사업연도 종료일 현재 사업자등록을 유지해야 감면이 적용된다는 식의 해석이 있으므로 이에 대해서는 최종 세무전문가의 확인이 필요하다. 저자는 법인전환 전과 후 모두 감면을 받을 수 있다는 견해다.

④ 이월결손금의 승계 여부

이에 대해서는 아래 해석을 참조하기를 바란다.

※ 서이 46012-10141, 2001.09.10

개인이 영위하던 사업을 포괄적으로 현물로 출자해 법인으로 전환하는 경우 개인사업에서 발생한 결손금은 당해 법인의 각 사업연도의 소득에 대한 법인세의 과세표준을 계산하면서 이를 공제할 수 없는 것임.

2. 적용 사례

사례를 통해 앞의 내용을 확인해보자.

> **| 자료 |**
> · 다음 내용을 반영하기 전의 사업소득 금액 : 3억 원
>   - 재고자산 : 장부가 1억 원
>   - 퇴직급여 : 1억 원
>   - 법인전환일 : 20×4년 7월 1일
> · 중소기업 업종에 해당함(중소기업 특별세액감면율은 10% 가정).

Q1. 사례의 경우 사업소득 금액은 얼마인가?

사업소득 금액은 다음과 같이 계산할 수 있다.

· **법인전환 전의 사업소득 금액 3억 원−퇴직급여 1억 원=2억 원**

Q2. 사례의 소득세 산출세액은 얼마인가? 소득공제 등은 적용하지 않는다.

· **사업소득 금액 2억 원×38%−1,994만 원**(누진공제)**=5,606만 원**

Q3. 이 소득에 대해서는 중소기업 특별세액감면을 받을 수 있는가?

그렇다고 판단된다.

Q4. 만일 법인전환으로 인해 신설된 법인이 전환 후 고용을 추가하면 통합고용 세액공제를 받을 수 있는가?

그렇다. 이에 대한 자세한 내용은 다음 장에서 살펴본다.

Tip 법인전환과 조세감면 승계 요약

· 창업중소기업 및 창업벤처중소기업 또는 제64조 제1항에 따라 세액 감면을 받는 내국인이 감면 기간이 지나기 전에 법인전환 시 감면 기간에 대해 세액감면을 받을 수 있다.

· 제63조에 따른 수도권 과밀억제권역 밖으로 이전하는 중소기업 또는 제68조에 따른 농업회사법인이 감면 기간이 지나기 전에 법인전환 시에는 남은 기간에 대해 감면을 받을 수 있다.

· 제144조에 따른 미공제 세액이 있는 상태에서 법인전환 시 그 내국의 미공제 세액을 승계해서 공제받을 수 있다.

전환법인의
개시 재무상태표

개인사업자로부터 사업을 양수한 법인은 법인전환일로부터 사업을 진행할 수 있다. 그렇다면 법인은 어떤 식으로 회계와 세무를 진행할 것인지, 이 부분에 관해 관심을 둘 필요가 있다. 먼저 사업자로부터 사업을 양수한 법인의 개시 재무상태표부터 살펴보자.

1. 법인의 개시 재무상태표

신설법인이 개인사업자로부터 양수한 자산과 부채를 표시하면 다음과 같다.

구분		금액	비고
자산	당좌자산		
	재고자산		
	유형자산 : 비품, 부동산		
	무형자산 : 영업권		
부채	은행대출금		
	퇴직급여충당부채		
	미지급세금(양도세 과세이월액)		
자본	자본금		

2. 적용 사례

사례를 통해 앞의 내용을 간략히 정리해보자. K 법인은 다음과 같이 사업을 양수했다. 물음에 답해보자.

| 자료 |

구분		금액	비고
당좌자산	현금	0원	
	외상매출금	2억 원	장부가
재고자산	재고자산	5억 원	장부가
유형자산	기계장치	5억 원	장부가
	비품	1억 원	장부가
	차량운반구	1억 원	장부가
	토지	20억 원	감정평가
	건물	6억 원	감정평가
무형자산	영업권	10억 원	감정평가
자산 계		50억 원	
부채	은행차입금	5억 원	장부가
	외상매입금	1억 원	장부가
	퇴직급여충당부채	2억 원	장부가
	미지급세금	2억 원	양도세 이월과세액
부채 계		10억 원	
자본 계		40억 원	

Q1. 이 법인이 해당 자산을 인수하는 과정을 회계처리로 알아보면?

참고로 사업인수 시 필요한 자금 전액을 현금 출자한다고 가정한다.

① 법인설립 시

(차) 현금 40억 원	(대) 자본금 40억 원

② 사업양수 시

(차) 제 자산 50억 원	(대) 제 부채 10억 원 미지급금 40억 원

③ 사업양수대금 지급 시

(차) 미지급금 40억 원	(대) 현금 40억 원

Q2. 유형자산에 대한 취득가액은 새롭게 취득한 것을 말하는가?

그렇다. 법인법 제41조 제1항에 따르면 타인으로부터 매입한 자산은 매입가액에 부대비용을 더한 금액을 취득가액으로 보고 있다.

☞ 감가상각은 취득가액에 맞춰 감가상각 기간과 상각 방법을 법인의 성격에 맞게 정하면 된다.

Q3. 부채 계정에 있는 퇴직급여충당부채의 의미는?

이는 개인사업자가 지급할 의무가 있는 부채에 해당한다. 따라서 법인이 승계한 종업원이 퇴사한 경우 법인에서 지급할 퇴직금이 1억 원이고, 이 중 개인사업자가 부담할 퇴직금이 5,000만 원이라면, 다음과 같이 회계처리가 되어야 한다.

(차) **퇴직급여충당부채 5,000만 원** (대) **현금 등 1억 원**

퇴직급여 5,000만 원

종업원 퇴사로 인해 퇴직금 1억 원을 법인이 지급하지만, 이 중 5,000만 원은 개인으로부터 이전받은 것이고, 나머지 5,000만 원은 법인의 부담분이 된다.

Q4. 미지급세금은 양도세 이월과세액이다. 이는 법인의 부채에 해당하는가?

그렇다. 미지급세금에 계상된 이월과세액은 향후 법인이 해당 자산을 양도할 때 납부해야 하므로 부채에 해당한다. 다만, 전환법인의 비상장주식에 대해 평가를 할 때는 사후관리 기간(5년) 내에서는 미확정부채로 본다. 이에 대해서는 이 장의 마지막 부분을 참조하기 바란다.

법인의 결산과
법인세 계산법

개인사업을 법인으로 전환한 후 첫해 법인에 대한 수익과 비용은 어떤 식으로 처리하는지, 그리고 전환 첫해의 법인세는 어떻게 계산하는지 알아보자.

1. 수익과 비용

1) 수익(매출)

법인전환 후 법인 명의로 발생하는 매출은 모두 법인 명의로 영수증 등을 발급하고 해당 금액은 법인의 계좌로 입금시키는 것이 원칙이다. 다만, 사업양수도 과정에서 개인과 법인계좌 등이 뒤섞이는 경우가 있다. 예를 들어, 법인매출 대금임에도 불구하고 개인계좌로 입금되는 경우 등이 그렇다. 이럴 때는 해당 대금을 법인계좌로 입금해서 매출 누락 등이 발생하지 않도록 해야 한다. 수익의 경우, 이러한 내용 정도만 이해하면 나머지는 큰 이슈가 발생하지 않는다.

2) 비용

법인전환 후의 비용처리에 대해서는 다음과 같은 점에 주의해야 한다.

첫째, 감가상각 방법에 유의해야 한다.

법인전환 시 양수한 자산은 새로운 취득으로 보아 감가상각 방법을 정한다.

둘째, 퇴직금처리에 유의해야 한다.

법인전환 이후에 법인에서 근무한 기간에 따른 퇴직급여만 법인의 비용으로 처리한다.

셋째, 영업권처리에 유의해야 한다.

정당하게 무형자산으로 계상된 영업권은 5년 정액법 상각으로 비용처리를 한다.

2. 법인세 계산

1) 당기순이익 계산

당기순이익은 기업회계기준상의 수익에서 비용을 차감해 계산한다.

2) 법인세 계산

법인세는 기업 회계상의 당기순이익을 기준으로 세무조정한 소득금액에 대해 9~24%로 계산한다.

구분	금액	비고
당기순이익		
±세무조정		
=각 사업 연도소득 금액	×××	
−이월결손금 등		개인사업의 이월결손금은 승계 불가
=과세표준	×××	
×세율	9~24%	
−누진공제		
=산출세액	×××	
−세액공제·감면세액		개인사업의 이월공제세액 및 잔존 감면세액은 승계 가능
=결정세액	×××	

사업양수도를 거친 법인의 법인세를 계산할 때 조세감면은 다음과 같이 적용한다.

· 개인사업자의 사업을 양수한 법인의 사업은 세법상 창업으로 보지 않는다.[*] → 창업중소기업 세액감면은 적용하지 않는다.

[*] 법인전환에 따라 설립된 내국법인은 조특법 제6조 제10항에 따라 창업으로 보지 않는 것임(서면−2019−법인−3499, 2020.09.11).

· 개인사업자의 세액공제 중 이월공제세액 → 전환법인이 이를 승계받아 공제를 받을 수 있다.

· 개인사업자의 잔존 세액감면 → 조세감면 기간 중 남아 있는 기간에 대해 세액감면을 받을 수 있다(창업중소기업 세액감면 등).

3. 법인세 신고 및 납부 방법

전환법인은 다음과 같이 법인세를 신고 및 납부해야 한다.

1) 일반신고

12월 말 법인은 다음 해 3월 중에 법인세를 신고 및 납부한다.

2) 성실신고

성실신고확인대상 법인*은 다음 해 4월 30일(12월 말 법인)까지 성실신고 및 납부를 해야 한다.

* 사업을 양도한 사업자가 성실신고를 받으면 3년간 법인도 성실신고확인제도를 적용한다. 이외 주업이 임대법인(이자 배당소득이 주 수입원인 법인 포함)은 계속 이 제도를 적용한다.

4. 적용 사례

사례를 통해 앞의 내용을 확인해보자.

| 자료 |
· K 법인은 20×4년 7월 1일 자로 사업양수를 했음.
· 개인사업자는 20×3년 1월에 기계를 취득해 투자 세액공제를 받았음.
· K 법인이 사업양수로 승계받은 정규종업원은 10명(20×3년 12월 31일 기준)이며, 7월 1일 법인설립 시 4명을 신규로 채용함.
· K 법인의 20×4년 7월 1일~12월 31일까지의 소득금액은 10억 원임.
· K 법인은 수도권 밖에 소재함.
· 해당 사업은 중소기업 특별세액감면 업종임.

Q1. 투자 세액공제를 받은 후 2년 안에 자산을 매각하면 공제세액을 추징하는데 사례의 경우도 이에 해당하는가?

원래 조특법 제24조에 따라 세액공제를 받은 경우, 투자 완료일부터 2년(건물과 구축물의 경우에는 5년)이 지나기 전에 해당 자산을 처분(임대하는 경우를 포함)하면 세액공제액 상당액에 이자 상당 가산액을 가산해 소득세로 납부해야 한다. 다만, 조특령 제137조 제1항 각호에 해당하는 경우는 이를 적용하지 않는다. 여기서 각호는 현물출자, 합병, 분할, 교환, 통합, 사업전환 또는 사업의 승계로 인해 당해 자산의 소유권이 이전되는 경우 등을 말한다. 따라서 사례의 경우에는 추징되지 않는다.

Q2. Q1에서 추징되지 않는다면 이월된 통합 투자 세액공제에 대해 법인이 공제를 받을 수 있는가?

그렇다. 이월세액이 있는 개인사업자가 사업양수도 방법으로 법인전환을 하는 경우, 당해 이월세액은 개인사업자의 이월공제 기간 내에 전환법인이 이를 승계해 공제받을 수 있다.

Q3. 20×4년 7월 1일 자로 법인 전환한 경우 폐업한 개인사업자와 신설된 법인 모두 중소기업 특별세액감면을 받을 수 있는가?

그렇다고 판단된다. 다만, 폐업한 개인사업자의 감면에 대해서는 논란이 있으므로 실무 적용 시에는 유권해석을 통해 확인하기를 바란다.

Q4. 전환법인이 고용을 추가하는 경우 조특법 제29조의 8에 따른 통합고용 세액공제가 적용될 수 있다. 이때 상시근로자 수는 어떻게 계산하는가?

법인전환 시 상시근로자 수는 다음의 원리에 따라 계산한다.

· **직전 사업연도 : 법인전환 전 개인사업의 직전 사업연도 상시근로자 수**

· **해당 사업연도 : 매 월말 상시근로자 수의 합계 / 해당 사업연도의 월수**

사례의 경우, 사업양수로 승계받은 연도의 직전 사업연도의 상시근로자 수는 10명이고 법인전환 시점에 4명을 신규로 채용했으므로 다음과 같이 상시근로자 수를 계산한다.

· **10명+4명**×(6개월/12개월)**=12명**

따라서 법인전환 후 증가한 2명분에 대해 고용 세액공제를 적용한다.

☞ 세법은 새로운 고용 창출효과가 없이 단순히 종전 사업의 형태만을 변경하는 때에는 직전 연도의 상시근로자를 변경 전 근로자 수로 계산함으로써 변경 후 새로운 고용증대가 없는 것으로 처리하도록 하고 있다.

법인의 부동산 양도와
이월과세처리법

법인이 개인사업자로 양수한 부동산을 처분할 때 양도세 이월과세액 등을 어떤 식으로 처리하는지 정리해보자.

1. 양도세 이월과세액의 양수

1) 회계처리

개인사업자가 법인에 양도한 사업용 부동산에 대한 양도세는 본인이 직접 납부할 수도 있고, 아니면 이를 양수한 법인이 처분할 때 납부할 수도 있다. 이때 후자를 선택하는 경우에는 다음과 같이 회계처리를 한다.

(차) 제 자산 ×××	(대) 제 부채 ××× 미지급세금* ×××

* 이는 이월과세된 양도세에 해당하는데, 사후관리 기간(5년) 내에 이월과세 요건을 위반하면 개인사업자가 납세의무를 부담하게 된다. 따라서 이 기간 내에서의 미지급세금은 적어도 확정된 부채가 아니므로 이연법인세부채 정도로 처리하는 것이 바람직하지 않을까 싶다. 참고로 이 계정과목은 자산의 회수나 부채의 결제로 인해 세금이 부과되지 않는 경우보다 장래에 더 많은 세금을 지급할 가능성이 큰 경우 인식하는 회계처리에 해당한다.

2) 재무상태표 표시

앞의 미지급세금은 재무상태표 중 부채 란에 표시된다.

자산	부채 유동부채 비유동부채 미지급세금
	자본

2. 부동산의 양도

1) 양수 후 5년 내 처분 시

사업양수일로부터 5년 이내에 해당 부동산을 양도하면 양도세 납부의무가 법인이 아닌 개인사업자로 귀속된다. 따라서 이 경우 다음과 같은 회계처리가 필요하다.

(차) 미지급세금 ×××	(대) 현금 ×××

이 회계처리는 사업용 자산에서 양도세 이월과세액(부채)을 차감한 금액을 지급했으므로, 법인의 납세의무가 소멸하면 이월과세액을 개인사업자에게 돌려주는 회계처리에 해당한다.

2) 양수 후 5년 후 처분 시

이 경우에는 법인에 대한 납세의무가 성립한다. 따라서 이때에는 이월과세한 양도세액을 법인세 신고서에 반영해 법인세로 납부한다. 다음 서식의 133번 란에 반영된다.

사 업 연 도	· · ~ · ·	법인세 과세표준 및 세액조정계산서	법 인 명			
			사업자등록번호			

① 각 사 업 연 도 소 득	⑩⑩ 결산서상 당기순손익	01		⑬③ 감면분추가 납부세액	29	
	소 득 조 정 금 액	⑩② 익금산입	02		⑬④ 차감납부 할세액	30	
		⑩③ 손금산입	03				

2. 적용 사례

사례를 통해 앞의 내용을 확인해보자.

| 자료 |
· 법인이 양수한 토지와 건물의 가액 : 총 30억 원(토지 20억 원, 건물 10억 원)
· 양도세 이월과세액 : 5억 원
· 20×4년 1월 1일부터 12월까지의 법인의 소득금액 : 10억 원(부동산 양도
차손익은 미반영한 것임)

Q1. 만일 토지와 건물을 양수한 시점으로부터 5년 후 35억 원에 양도하는 경우의 법인세는?

법인은 30억 원에 취득한 부동산을 35억 원에 양도해 5억 원의 차익을 얻었다. 따라서 부동산 외 소득금액 10억 원과 이를 합하면 15억 원의 소득금액에 대해 다음과 같이 법인세를 계산한다.

· 법인세 산출세액 : 15억 원×19%−2,000만 원(누진공제) = 2억 6,500만 원

\+ 감면분 추가납부세액 : 5억 원(양도세 이월과세액)

= 7억 6,500만 원

Q2. 만일 토지와 건물을 양수한 시점으로부터 5년 후 25억 원에 양도하는 경우의 법인세는?

법인은 30억 원에 취득한 부동산을 25억 원에 양도해 5억 원의 차손을 얻었다. 따라서 부동산 외 소득금액 10억 원과 이를 합하면 5억 원의 소득금액에 대해 다음과 같이 법인세를 계산한다.

· 법인세 산출세액 : 5억 원×19%−2,000만 원(누진공제) = 7,500만 원

\+ 감면분 추가납부세액 : 5억 원(양도세 이월과세액)

= 5억 7,500만 원

Q3. 법인이 납부하는 이월과세는 서식에 어떻게 반영하는가?

이에 대해서는 아래를 참조하기를 바란다.

※ 양도세 이월과세액을 법인세 신고 서식에 반영하는 방법

이월과세액은 '공제감면세액 및 추가납부세액합계표(을)'상의 '(177)번 법인전환에 대한 양도세 이월과세' 란에 기재한 후, '법인세 과세표준 및 세액조정계산서'상의 '(133)번 감면분 추가납부세액' 란에 기재해 법인세로 납부한다.

① 공제감면세액 및 추가납부세액합계표(을)

공제감면세액 및 추가납부세액합계표(을)

4. 이월과세(조특법)

⑨ 구 분	⑩ 근거조항	코드	⑪ 이월과세 납부세액
⑯ 중소기업 통합에 대한 양도세 이월과세	제31조	661	
⑰ 법인전환에 대한 양도세 이월과세	제32조	662	
⑱ 영농조합법인에 현물출자 시 양도세 이월과세	제66조 제7항	66A	
⑲ 농업회사법인에 현물출자 시 양도세 이월과세	제68조 제3항	66B	
⑳ 합계		667	

210mm×297mm[백상지 80g/㎡ 또는 중질지 80g/㎡]

② 법인세 과세표준 및 세액조정계산서

사 업 연 도	~	법인세 과세표준 및 세액조정계산서	법 인 명	
			사업자등록번호	

① 각 사 업 연 도 소 득	⑩ 결산서상 당기순손익	01		⑬ 감면분 추가납부세액*	29	
	소 득 조 정 금 액	⑩ 익금산입	02		⑭ 차감납부할세액	30	
		⑩ 손금산입	03				

* 감면분추가납부 세액란 : '공제감면세액 및 추가납부세액합계표(을)['별지 제8호서식(을)]'의 추가납부세액 합계금액과 이월과세 합계금액을 더해서 적는다.

Tip 비상장주식 평가 시 이월과세 받은 양도세의 부채 가산 여부

조세심판원에서는 비상장주식을 평가할 때 이월과세된 양도세를 순자산가액 계산 시 자산에서 차감하는 채무에 가산하지 않는 것으로 결정하였다가, 최근에는 평가기준일 현재 사후관리기간(5년)이 경과해 세금의 납부의무자가 법인으로 확정된 경우 부채 가산항목에 해당하는 것으로 결정(조심 2019서4569, 2020.05.20)하였다. 이에 따라 기획재정부(재산-125, 2021.02.04)에서도 조세심판원의 결정과 같은 취지의 해석을 하게 되었다. 이 규정은 전환법인의 비상장주식평가와 관련이 있으므로 해당 내용을 정확히 인지하는 것이 좋을 것으로 보인다.

업종별 법인전환 방법

개인사업을 법인으로
전환하는 방법

개인사업을 법인으로 전환하는 방법을 총정리해보자.

1. 법인전환의 방법

개인사업을 법인으로 전환하는 방법은 크게 세 가지가 있다.

1) 자산양수도 방식

자산양수도 방식은 개인사업을 완전히 폐지한 후 신설된 법인이 필요한 자산만 인수하는 방식을 말한다.

2) 사업양수도 방식

이 방법은 사업의 주체를 개인에서 법인으로 바꾸는 것을 말한다. 따라서 사업의 모든 것들이 법인에 그대로 이어진다. 이러한 방법을 실무에서는 사업양수도라고 하며, 사업양도자는 양도하는 순자산가액에 대해 현금을 받게 된다.

3) 현물출자 방식

이 방법은 사업자의 자산을 신설된 법인의 자본으로 출자해 사업을 이어나가는 방법(현물출자)에 해당한다. 법인에 자본을 현물출자하는 개인사업자는 그 대가로 주식을 받게 된다.

※ 자산양수도 대 사업양수도 대 현물출자의 세무회계상 비교

구분	자산양수도	사업양수도	현물출자
자산 Ⅰ. 유동자산 　1. 당좌자산 　　현금 　　매출채권 　　미수금 　2. 재고자산 Ⅱ. 비유동자산 　1. 투자자산 　　주식 　　주택 　2. 유형자산 　　비품 　　차량운반구 　　건물 　　토지 　3. 무형자산 　　영업권 　　특허권 　4. 기타	주로 유형자산을 법인이 인수	자산과 부채를 그대로 법인이 인수	특정자산을 법인에 출자(부채와 함께 현물출자할 수 있음)
부채 Ⅰ.유동부채 　1. 외상매입금 　2. 미지급금 Ⅱ. 비유동부채 　1. 장기차입금 　2. 퇴직급여충당부채			
자본(순자산)			

구분	자산양수도	사업양수도	현물출자
거래 시 관련 세금	부가세, 소득세, 양도세, 취득세	좌동	좌동
부가세 면제요건	과세원칙	포괄양수도계약*	좌동*
양도세 이월과세와 취득세 감면	과세원칙	조특법과 지특법 상 요건 충족**	좌동**

* 포괄양수도계약은 개인사업의 권리와 의무를 법인에 포괄적으로 양수도하는 것을 말한다.

** 사업자의 자산에 부동산이 있는 경우 사업자는 양도세, 법인은 취득세를 내야 하는데, 이때 조특법과 지특법에 규정된 요건을 충족하면 전자는 이월과세, 후자는 75%(2025년 50%) 감면 을 받을 수 있다.

2. 적용 사례

사례를 통해 앞의 내용을 확인해보자.

| 자료 |
· K 씨는 현재 제조업을 영위 중임.
· 그가 보유한 자산은 50억 원 상당액이 됨.
· 사업용 부채는 10억 원 상당액임.

Q1. 만약 자산 중 설비와 재고자산만 선별해서 자신이 세운 법인에 매각할 수 있는가?

그렇다. 이러한 방식을 자산양수도 방식이라고 한다.

☞ 개인사업자는 자산에 대한 양도 대가를 받는다.

Q2. 만약 사업 자체를 포괄적으로 법인에 매각할 수 있는가?

그렇다. 이러한 방식을 사업양수도 방식이라고 한다.

☞ 개인사업자는 순자산(자산−부채)에 대한 양도 대가를 받는다.

Q3. Q1과 Q2의 차이는 뭔가?

자산양수도는 자산만 이전하는 것이고, 사업양수도는 부채도 같이 이전하는 것을 말한다. 따라서 전자는 자산만 인수하므로 개인과 법인이 분리되지만, 후자는 사업 자체를 인수하므로 개인과 법인이 연관 관계를 갖게 된다.

Q4. K 씨가 세운 법인은 인수자금이 충분하지 않다. 이때 사업양수도 대금을 나중에 지급해도 문제는 없는가? 단, 이 법인은 부동산이 없어 조특법이나 지특법상 세 감면이 필요 없다.

사업인수자금은 인수 시 지급하는 것이 원칙이나 향후 지급해도 세법상 문제는 없다. 다만, 사업양도자와 법인의 주주가 특수관계에 해당하는 경우에는 주주에 대한 증여세 문제*를 검토해야 한다.

* 각 주주가 얻은 증여이익(무상대여금액×4.6%)이 1억 원 이상이면 증여세 과세 문제가 있다.

Q5. K 씨는 순자산을 자신이 세운 법인에 자본으로 출자할 수 있는가?

그렇다. 법인을 설립할 때 자본에는 현금이든 현물이든 모두 상관없다. 다만, 현물출자 시에는 주주나 채권자 등을 보호하기 위해 엄격한 평가절차가 있다.

서비스업종과 법인전환
(자산양수도 방식)

이제 앞에서 본 법인전환의 유형을 하나씩 살펴보자. 먼저 자산양수도 방식에 대해 알아보자. 이 방식은 법률적인 규제를 받지 않고 언제든지 손쉽게 법인으로 사업을 할 수 있는 유형에 해당하며, 주로 개인사업체에 재고자산이나 부동산이 없는 업종(예 : 서비업종)에서 많이 동원되는 유형에 해당한다. 다음에서 이의 방식에 대한 핵심적인 내용을 정리해보자.

1. 자산양수도 방식의 장단점

1) 개념

자산양수도 방식은 사업자가 보유한 자산 중 일부를 다른 사업자(개인, 기존법인, 신설법인 포함)에게 유상으로 양도하는 것을 말한다.

2) 자산양수도 방식의 장단점

자산양수도 방식의 장단점을 간략히 정리하면 다음과 같다.

장점	단점
· 절차가 사업양수도나 현물출자보다 아주 간단하다. · 법인설립 시 주주 구성은 자유롭게 해도 된다(자녀에게 사업을 손쉽게 물려줄 수 있다). · 법인전환에 따른 법인 성실신고확인제도를 적용받지 않아도 된다.	· 신설법인의 경우 법인을 설립해야 한다. · 자산양수도 시 부가세와 양도세, 취득세를 부담해야 한다. · 개인기업의 이월결손금이나 조세감면을 승계받지 못한다.

3) 자산양수도 방식에 적합한 업종

개인사업체의 자산에 재고자산이나 부동산이 없는 서비스업종에 적합하다. 예를 들어 컨설팅업의 경우, 주로 컴퓨터나 비품 정도만을 유지한 채 사업을 진행하는데, 이러한 업종이 법인전환을 하면 개인사업을 폐지하고 법인을 바로 시작해도 문제가 없다.

2. 자산양수도 시 발생하는 세금

자산양수도 방식의 경우 다음과 같은 세금 문제가 발생한다. 물론 아래에 해당하는 자산이 없다면 이와 관련된 세금 문제는 발생하지 않는다.

구분		개인사업자	법인
자산	재고자산	부가세, 소득세	부가세
	비품, 기계장치, 차량운반구	부가세, 소득세	부가세
	부동산	부가세, 양도세	부가세, 취득세
	특허권, 영업권	부가세, 소득세(양도세[*])	부가세
부채		–	–	–
자본		–	–	–

* 부동산과 함께 양도하는 영업권은 양도세로 과세된다.

☞ 자산 중 부가세 과세대상 자산을 양도하면 부가세가 발생한다. 한편 부동산을 양도하면 양도세(취득자는 취득세)가 발생한다. 따라서 이러한 방식은 재고자산이나 부동산을 규모 있게 보유한 업종에서는 별로 추천되지 않는다.

3. 적용 사례

사례를 통해 앞의 내용을 확인해보자.

| 자료 |
· K 씨는 현재 외식업을 영위하고 있음(일반과세자에 해당함).
· K 씨의 연간 매출 규모는 10억 원이 넘으며, 이익 규모는 2억 원 선이 됨.
· K 씨의 재무상태표는 다음과 같음.

자산 인테리어 잔존가액 1억 원 비품, 차량 등 5,000만 원 임대보증금 5,000만 원	부채 자본(순자산) 2억 원

Q1. 이 업종의 세무회계상 특징은?

자산 규모는 작으나 매출과 이익 규모는 다소 크다. 따라서 이 업체의 사업자는 법인으로의 전환을 적극적으로 검토할 가능성이 크다.

Q2. 소득세와 법인세를 비교해보면 얼마나 차이 날까? 단, 지방소득세는 제외한다.

구분	소득세	법인세	차이
세금	5,606만 원	1,800만 원	3,806만 원
근거	2억 원×38%−1,994만 원	2억 원×9%	

Q3. K 씨는 자산양수도 방식으로 인테리어와 비품, 차량 등을 1억 2,000만 원에 자신이 세운 법인에 양도했다. 이 경우 K 씨는 세금계산서를 반드시 교부해야 하는가?

그렇다. 이 경우에는 무조건 부가세가 발생한다. 이 경우 부가세를 면제받기 위한 사업의 포괄양수도가 아니기 때문이다.

☞ 자산을 취득한 법인은 일반과세자로 등록해 부가세를 환급받을 수 있다.

Q4. K 씨의 부채는 어떤 식으로 정리해야 하는가?

부채는 K 씨가 상환하면 된다. 물론 은행 대출의 경우, 법인이 승계할 수도 있고 개인이 상환한 후 법인이 대출을 받을 수도 있다.

Q5. 차량이나 임대차계약서상의 명의는 바꿔야 하는가?

개인 명의로 된 차량 등은 법인 명의로 바꾸는 것이 원칙이다. 한편 임대차계약서는 법인 명의로 바꾸면 된다.

Q6. K 씨는 매출액 수준이 개인 성실신고확인대상이 되어 실제 성실신고를 하는 중이다. 그런데 만일 개인사업을 폐지하고 법인을 설립한 후 법인에 자산만 이전하면 전환법인도 3년간 성실신고를 적용받는가?

그렇지 않다. 법인이 성실신고를 적용받기 위해서는 사업용 유형자산 및 무형자산을 법인에 현물출자하거나 사업양수도 방식에 따른 법인전환에 해당해야 하기 때문이다.

Tip 서비스업종의 예

· 금융업(예 : 은행, 보험, 투자)
· 정보기술 서비스업(예 : 소프트웨어 개발, 데이터 서비스)
· 교육 서비스업(예 : 학교, 학원, 온라인 교육)
· 컨설팅업(예 : 경영, 전략, 인사 컨설팅)
· 여행 및 관광업(예 : 여행사, 투어 서비스)
· 외식업(예 : 레스토랑, 카페, 패스트푸드)
· 엔터테인먼트업(예 : 영화, 음악, 방송, 공연)
· 운송 및 물류 서비스업(예 : 택배, 항공, 철도)

재고업종과 법인전환
(사업양수도 방식)

사업양수도 방식은 주로 재고자산을 많이 보유한 업종에서 법인이 사업을 인수하는 것을 말한다. 세법은 이 과정에서 조세회피 등이 발생할 가능성이 크다고 보아 이에 대해 다양한 규정을 두고 있다. 따라서 사업양수도 시에는 무엇보다도 세법상의 제도에 유의해야 한다. 다음에서 이의 방식에 대한 핵심적인 내용을 정리해보자.

1. 사업양수도의 장단점

1) 개념

사업양수도는 사업자의 순자산(자산−부채)을 대금을 지급하고 인수하는 것을 말한다. 사업 자체를 시장에서 사고파는 격이 된다. 이러한 사업양수도는 사업자가 법인으로 전환할 때 많이 사용하는 방식이 되기도 한다.

2) 사업양수도 방식의 장단점

사업양수도 방식의 장단점을 간략히 정리하면 다음과 같다.

장점	단점
· 절차가 현물출자에 비해 간단하다. 따라서 소요비용도 적다. · 포괄양수도로 계약 시 부가세를 면제받을 수 있다. · 부동산 양수도 시 양도세 이월과세와 취득세 감면을 받을 수 있다. · 개인기업의 조세감면을 승계받을 수 있다. · 영업권을 계상할 수 있다.	· 인수자산이 큰 경우 법인은 자금부담이 클 수 있다. · 포괄양수도 계약 관련 실무처리가 복잡하다. · 부동산 이월과세와 취득세 감면받는 요건을 갖추기가 힘들다. · 법인전환 후 3년간 성실신고확인제도를 적용받을 수 있다.

3) 사업양수도 방식에 적합한 업종

개인사업체의 자산에 재고자산이나 기계장치 등 유형자산의 규모가 큰 업종에 안성맞춤이다. 예를 들어, 제조업의 경우 재고자산과 기계장치나 공장 등이 있을 수 있는데, 이때 사업양수도의 방식으로 법인전환을 하면 부가세 면제를 받을 수 있다. 한편 부동산에 대한 양도세 이월과세와 취득세 감면을 받기 위해서는 법인설립 때 순자산가액 이상의 현금을 자본금으로 출자해야 한다.

☞ 개인사업체에서 사업용 부동산 규모가 큰 경우 사업양수도로 법인 전환을 할 수 있다. 다만, 이때 양도세 이월과세와 취득세 감면을 받기 위해서는 법인설립 시 전환한 사업장의 순자산가액 이상으로 현금을 출자해야 한다. 이러한 요건을 충족하지 못하면 양도세를 바로 내야 하고, 취득세 감면도 되지 않는다.

2. 사업양수도 시 발생하는 세금

사업양수도 방식의 경우 다음과 같은 세금 문제가 발생한다.

구분		개인사업자	법인
자산	재고자산	부가세, 소득세	부가세
	비품, 기계장치, 차량운반구	부가세, 소득세	부가세
	부동산	부가세, 양도세	부가세, 취득세
	특허권, 영업권	부가세, 소득세(양도세*)	부가세
부채	–	–	–
	–	–	–
자본	–	–	–

* 부동산과 함께 양도하는 영업권은 양도세로 과세된다.

☞ 부가세법상의 포괄양수도 요건을 충족하면 부가세가 발생하지 않는다. 한편 부동산에 대한 양도세와 취득세는 조특법과 지특법에서 정한 요건(순자산가액 이상으로 현금줄자 등)을 충족하면 양도세 이월과세와 취득세 감면을 받을 수 있다.

3. 적용 사례

사례를 통해 앞의 내용을 확인해보자.

| 자료 |
· K 씨는 현재 도매업을 영위하고 있음(일반과세자에 해당함).
· K 씨의 연간 매출 규모는 20억 원이 넘으면 이익 규모는 2억 원 선이 됨.
· K 씨의 재무상태표는 다음과 같음.

자산 재고자산 5억 원 비품, 차량 등 5,000만 원 임대보증금 5,000만 원	부채 은행차입금 2억 원
	자본(순자산) 4억 원

Q1. 이 업종의 세무회계상 특징은?

자산 중에서 재고자산이 많으며, 매출 규모와 이익 규모가 비교적 크다. 따라서 이 업체의 사업자는 법인으로의 전환을 검토할 가능성이 있다.

Q2. 소득세와 법인세를 비교해보면 얼마나 차이 날까? 단, 지방소득세는 제외한다.

구분	소득세	법인세	차이
세금	5,606만 원	1,800만 원	3,806만 원
근거	2억 원×38%-1,994만 원	2억 원×9%	

Q3. K 씨는 사업양수도 방식으로 해당 자산을 법인에 양도했다. 이때 법인으로부터 4억 원을 받기로 하였다. 이 경우 부가세는 얼마나 발생하는가? 단, 장부가액을 기준으로 부가세를 계산한다.

재고자산과 비품, 차량 등에 대해 발생한다. 이 경우, 다음과 같이 부가세가 발생한다.

구분	금액(장부가)	부가세
재고자산	5억 원	5,000만 원
비품, 차량 등	5,000만 원	500만 원
계	5억 5,000만 원	5,500만 원

☞ 자산을 취득한 법인은 일반과세자로 등록해 부가세를 환급받을 수 있다.

Q4. 만일 재고자산의 시중가가 10억 원이라면 이를 기준으로 부가세를 계산해야 하는가?

그럴 수 있다. 현행 세법이 공평과세를 위해 시가 과세를 원칙으로 하고 있기 때문이다. 하지만 법인전환의 과정에서 이 금액을 기준으로 하면 다양한 문제점이 노출되므로 장부가를 사용하는 것이 타당해 보인다(3장 절세 탐구 참조). 일단 시가를 기준으로 부가세를 계산해보면 다음과 같다.

구분	금액(시가)	부가세
재고자산	10억 원	1억 원
비품, 차량 등	5,000만 원	500만 원
계	10억 5,000만 원	1억 500만 원

Tip 재고업종의 예

· 소매업(예 : 대형마트, 백화점)
· 제조업(예 : 자동차, 전자제품)
· 유통업(예 : 물류, 도매업)
· 의류업(예 : 패션 브랜드)
· 건설자재업(예 : 시멘트, 철강)
· 가구업(예 : 가정용 가구, 사무용 가구)
· 의약품 제조업(예 : 제약회사)
· 화학제품 제조업(예 : 석유화학, 플라스틱)

부동산 보유업종과 법인전환
(현물출자 방식)

    사업자가 운영하는 사업장의 순자산을 법인의 자본금으로 출자할 수 있다. 이때 개인은 적절하게 평가된 영업권도 현물출자를 해서 법인으로부터 주식을 받을 수 있다. 다음에서 현물출자 방식에 의한 법인전환에 대해 알아보자.

1. 현물출자의 장단점

1) 개념

    현물출자는 회사에 자본을 낼 때, 현금이 아닌 자산(현물)을 출자하는 것을 의미한다. 즉, 돈 대신 부동산, 기계, 특허권, 주식 등과 같은 유형 또는 무형의 자산을 회사에 출자해 지분을 받는 형태를 말한다. 앞에서 본 사업양수도는 돈이 움직이지만, 현물출자는 물건이 움직인다는 차이가 있다.

2) 현물출자 방식의 장단점

    현물출자 방식의 장단점을 간략히 정리하면 다음과 같다.

쟁점	장점
· 현물출자가 되므로 법인에서 나가는 돈이 없다. · 포괄양수도로 계약 시 부가세를 면제받을 수 있다. · 부동산의 현물출자 시 양도세 이월과세와 취득세 감면을 받을 수 있다. · 개인기업의 조세감면을 승계받을 수 있다. · 영업권을 계상할 수 있다.	· 절차가 사업양수도보다 복잡하다. 따라서 소요비용이 많다. · 시간이 많이 소요된다. · 포괄양수도 계약 관련 실무처리가 복잡하다. · 부동산 이월과세와 취득세 감면받는 요건을 갖추기가 힘들다. · 법인전환 후 3년간 성실신고확인제도를 적용받을 수 있다.

3) 현물출자 방식에 적합한 업종

개인사업체의 자산에 재고자산이나 기계장치 등 유형자산의 규모가 큰 업종 중에서 신설법인의 인수자금이 부족한 경우에 적합하다. 예를 들어, 제조업의 경우 재고자산과 기계장치나 공장 등이 있을 수 있는데, 이때 현물출자의 방식으로 법인전환을 하면 부가세 면제를 받을 수 있다. 한편 부동산에 대한 양도세 이월과세와 취득세 감면을 받기 위해서는 법인설립 때 순자산가액 이상으로 부동산 등을 자본금으로 출자해야 한다.

☞ 단, 이 방식은 감정평가를 이행해야 하고, 시간과 비용이 많이 드는 단점에 따라 실무상 추천이 되지 않는다.

2. 현물출자 시 발생하는 세금

현물출자 방식의 경우, 다음과 같은 세금 문제가 발생한다.

구분		개인사업자	법인
자산	재고자산	부가세, 소득세	부가세
	비품, 기계장치, 차량운반구	부가세, 소득세	부가세
	부동산	부가세, 양도세	부가세, 취득세
	특허권, 영업권	부가세, 소득세(양도세*)	부가세

구분		개인사업자	법인
부채	단기부채	–	–
	장기부채	–	–
자본	–	–	–

* 부동산과 함께 양도하는 영업권은 양도세로 과세된다.

☞ 재고자산도 많고 부동산도 보유한 업종을 현물출자 방식으로 법인 전환을 할 때는 사업양수도 방식처럼 부가세와 양도세(취득세) 문제를 동시에 해결해야 한다. 이때 다음과 같은 두 가지 요건을 동시에 충족해야 한다.

· 재고자산과 부동산에 대한 부가세 면제를 위해→ 사업에 대한 권리와 의무를 포괄적으로 승계시켜야 한다.

· 부동산에 대한 양도세 이월과세와 취득세 감면을 위해→ 사업자의 순 자산가액 이상으로 신설법인에 현물을 출자해야 한다.

3. 적용 사례

사례를 통해 재고업종이 사업용 부동산도 보유하고 있는 경우, 세무상 쟁점 들을 알아보자. 다음 자료를 보고 물음에 답해보자.

ㅣ자료ㅣ
· K 씨는 소매업종을 영위 중임.
· 최근 3년간 매년 5억 원의 이익을 실현 중임.
· 현재 시점에서 다음과 같은 자산을 보유 중임.

Q1. K 씨가 재고자산과 사업용 부동산을 외부에 양도하면 부가세는 얼마나 발생할 것으로 예상하는가? 단, K 씨는 일반과세자에 해당한다.

재고자산 등의 합계액이 10억 원이므로 이의 10%인 1억 원이 부가세에 해당한다. 이 부가세 없이 거래하고 싶다면 그 사업에 대한 모든 권리와 의무를 포괄적으로 승계시키면 된다.

Q2. K 씨는 현물출자를 통해 법인전환을 하려고 한다. 이 경우 조특법상의 순자산가액은 얼마인가?

재고자산 5억 원과 부동산 감정가액 20억 원을 합하면 25억 원이 된다. 참고로 부동산은 취득세 감면 등을 위해 감정평가를 받아 진행하는 것이 원칙이다.

Q3. 현물출자를 하면 왜 법원이 개입하는가?

채권자와 주주의 재산권 등을 보호하기 위해 개입을 한다.

Q4. 사례의 경우, 어떻게 하면 양도세 이월과세와 취득세 감면을 받을 수 있는가?

조특법 제32조에서 정하는 요건을 충족해야 한다. 즉 순자산가액 이상의 현물을 출자해야 한다.

[절세 탐구]
부동산 임대업 양도세 이월과세와 취득세 감면 분석

부동산 임대업의 경우 양도세 이월과세는 가능(주택임대업은 제외)하지만, 취득세 감면은 받을 수 없다. 취득세의 경우 2020년 8월 12일 이후의 법인전환분부터 적용한다. 다음에서 이에 대해 알아보자.

1. 부동산 임대업에 대한 이월과세 및 취득세 감면

1) 양도세 이월과세

부동산 임대업의 경우 양도세 이월과세가 적용된다. 다만, 주택 임대업의 경우에는 이월과세가 적용되지 않는다. 다만, 이 규정은 2020년 8월 12일 이후 법인전환분부터 적용되고 있다.

2) 취득세 감면

부동산 임대업과 공급업에 대해 2020년 8월 12일 이후 법인전환분부터 취득세 감면이 적용되지 않는다.

2. 적용 사례

사례를 통해 앞의 내용을 확인해보자. K 씨는 부동산 임대업을 영위 중이다. 다음 자료를 보고 물음에 답해보자.

Q1. 부동산 임대업을 법인 전환하면 양도세 이월과세가 가능한가?

사업용 고정자산에 대해서는 이월과세를 적용받을 수 있다. 다만, 해당 사업용 고정자산이 주택 또는 주택을 취득할 수 있는 권리인 경우는 제외한다(조특법 제32조 제1항). 참고로 다음과 같은 소비성 서비스업도 이월과세가 적용되지 않는다.

1. **호텔업 및 여관업**(관광진흥법에 따른 관광숙박업은 제외한다)
2. **주점업**(일반유흥주점업, 무도유흥주점업 및 식품위생법 시행령 제21조에 따른 단란 주점 영업만 해당하되, 관광진흥법에 따른 외국인 전용 유흥음식점업 및 관광 유흥음 식점업은 제외한다)
3. **기타 아래에 해당하는 업종**
   · 무도장 운영업
   · 기타 사행시설 관리 및 운영업(관광진흥법 제5조 또는 폐광지역 개발 지원에 대한 특별법 제11조에 따라 허가를 받은 카지노업은 제외한다)
   · 유사 의료업 중 안마를 시술하는 업
   · 마사지업

Q2. 부동산 임대업을 법인 전환하면 취득세 감면은 가능한가?

아니다. 지특법 제57조의 2 제4항에서 한국표준산업분류에 따른 부동산 임대 및 공급업에 대해서는 제외하도록 하고 있기 때문이다.

☞ 상가 등 일반 부동산 임대업의 경우 양도세 이월과세는 가능하나 취득세 감면은 받을 수 없다.

Q3. 법인전환을 하면 양도세는 얼마인가?

구분	토지	건물	계
양도가액	20억 원	5억 원	25억 원
−취득가액	5억 원	9억 원*	14억 원
=양도차익	15억 원	△4억 원	11억 원
−장기보유특별공제	4.5억 원	0원	4.5억 원
=양도소득 금액 (과세표준 가정)	10.5억 원	△4억 원	6.5억 원
×세율	−	−	42%
−누진공제			3,594만 원
=산출세액			2억 3,706만 원
지방소득세 포함 시 총 세액			2억 6,076만 원

Q4. 법인전환을 하면 취득세 얼마인가? 단, 취득세율은 4.6%를 적용한다.

25억 원의 4.6%를 적용하면 1억 1,500만 원이 된다. 참고로 부동산 임대업의 경우에는 취득세 감면을 받을 수 없음에 유의해야 한다(2020.8.12 이후 전환분).

Q5. 부동산 임대업을 법인전환 시 영업권에 대한 대가를 주고받지 않으면 소득세 추징이 발생하는가?

이론적으로 가능할 것으로 보인다. 하지만 실무에서 실제 추징한 사례는 거의 알려지지 않고 있다.

Tip 사업용 부동산은 법인에 기준시가로 양수도할 수 없을까?

공장 등 사업용 부동산은 감정평가를 받지 않는 이상 기준시가로 평가된다. 물론 이렇게 평가해도 문제가 없을까? 다음에서 취득세와 법인의 주주에 대한 증여세 과세 문제를 중심으로 알아보자.

1. 취득세 감면에 어떤 영향을 미칠까?

감정평가를 받지 않은 상태에서 기준시가(시가표준액)로 취득가액을 정하는 경우 관할 지자체는 감정평가를 통해 재산의 시가를 재조정할 수 있다(지방법 제10조의 3 제2항, 지방령 제14조 제3항). 따라서 법인은 감정평가를 통해 부동산의 시가를 반영하고, 취득세의 부담을 명확히 해서 향후 세무조사의 리스크를 줄이는 것이 좋을 것으로 보인다.

2. 상증법 제45조의 5를 적용하면서 주주에게 증여세를 과세하기 위해 해당 자산에 대해 감정평가를 받은 금액을 재산평가심의위원회의 심의대상으로 할 수 있을까?

주주에 대한 증여세를 과세할 때 재산평가심의위원회는 재산의 시가를 결정하는 데 있어서 감정평가액을 중요한 참고자료로 사용할 수 있다. 만약 법인이 부동산을 기준시가로 양수도하고 이를 통해 법인 주주에게 이익이 귀속되는 것으로 판단되면, 과세관청은 감정평가액을 기준으로 증여세 과세대상으로 삼을 가능성도 있다. 단, 세 감면 사업양수도나 현물출자 시 대부분 주식은 개인사업자가 수령을 하게 되므로 이러한 상황에서는 이 규정이 적용될 가능성이 크지 않다.

개인사업자를 유지할까
법인사업자로 전환할까

제1판 1쇄 2025년 1월 7일

지은이   신방수
펴낸이   한성주
펴낸곳   ㈜두드림미디어
책임편집 최윤경
디자인   얼앤똘비악(earl_tolbiac@naver.com)

㈜두드림미디어
등록   2015년 3월 25일(제2022-000009호)
주소   서울시 강서구 공항대로 219, 620호, 621호
전화   02)333-3577
팩스   02)6455-3477
이메일   dodreamedia@naver.com(원고 투고 및 출판 관련 문의)
카페   https://cafe.naver.com/dodreamedia

ISBN   979-11-94223-28-3 (03320)

책 내용에 관한 궁금증은 표지 앞날개에 있는 저자의 이메일이나
저자의 각종 SNS 연락처로 문의해주시길 바랍니다.